For my beautiful wife Magan.
My amazing children, Noah, Bailey, and Gavin.

For my parents, my pups, and my friends.

Thank you all.

If you are interested in digital downloads of these and many more illustrations, please visit www.PopUpIdeas.com

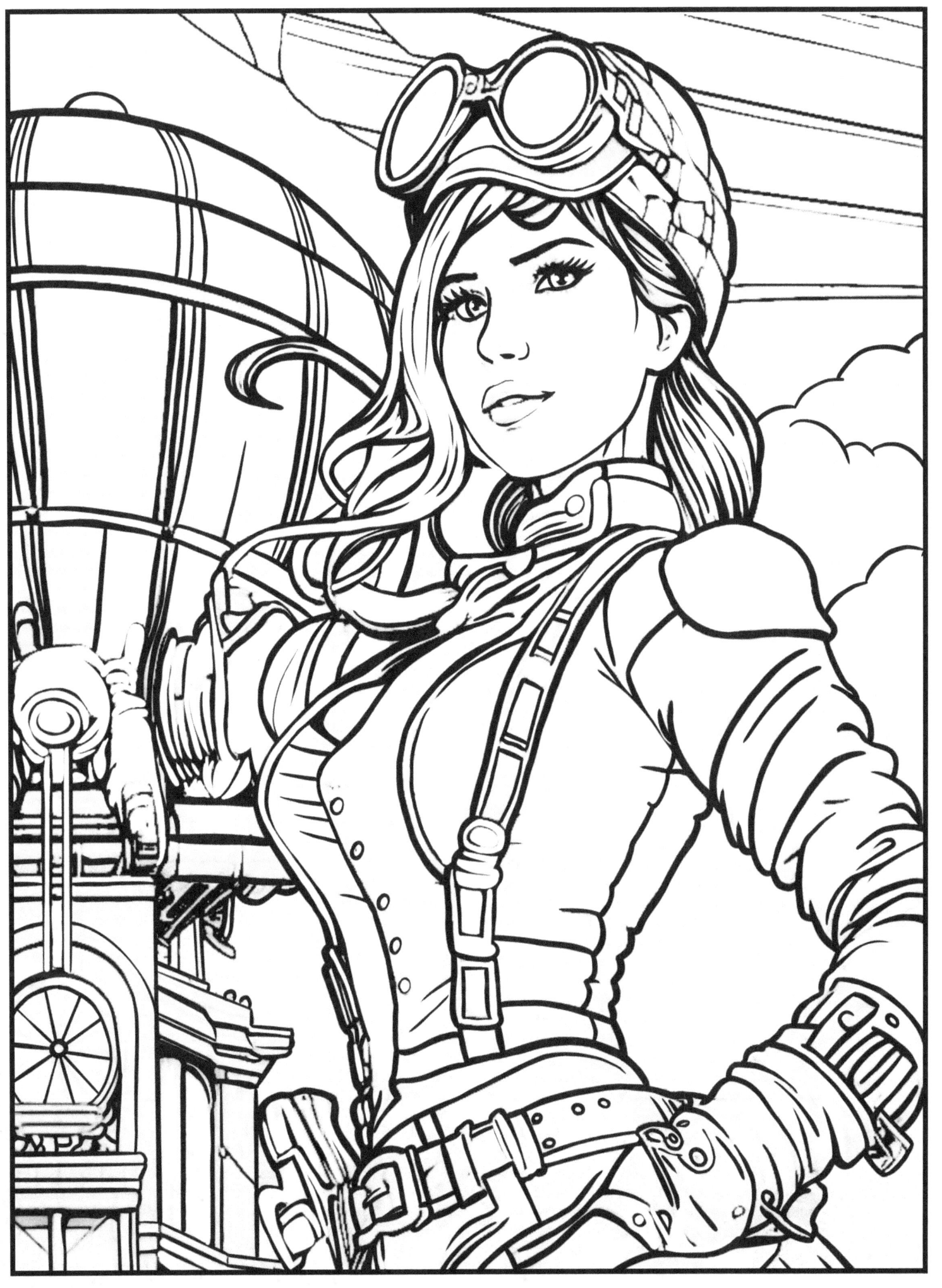

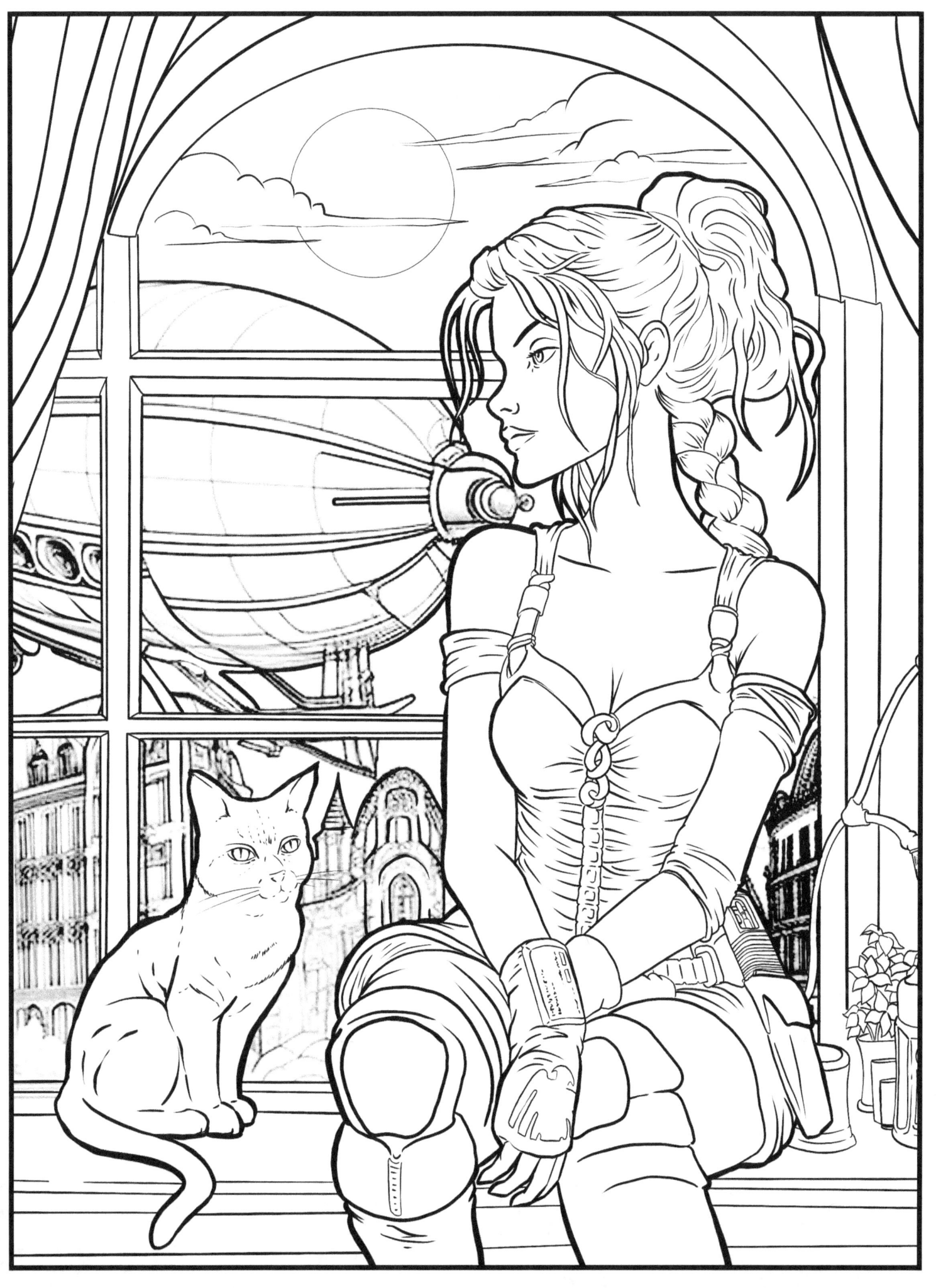

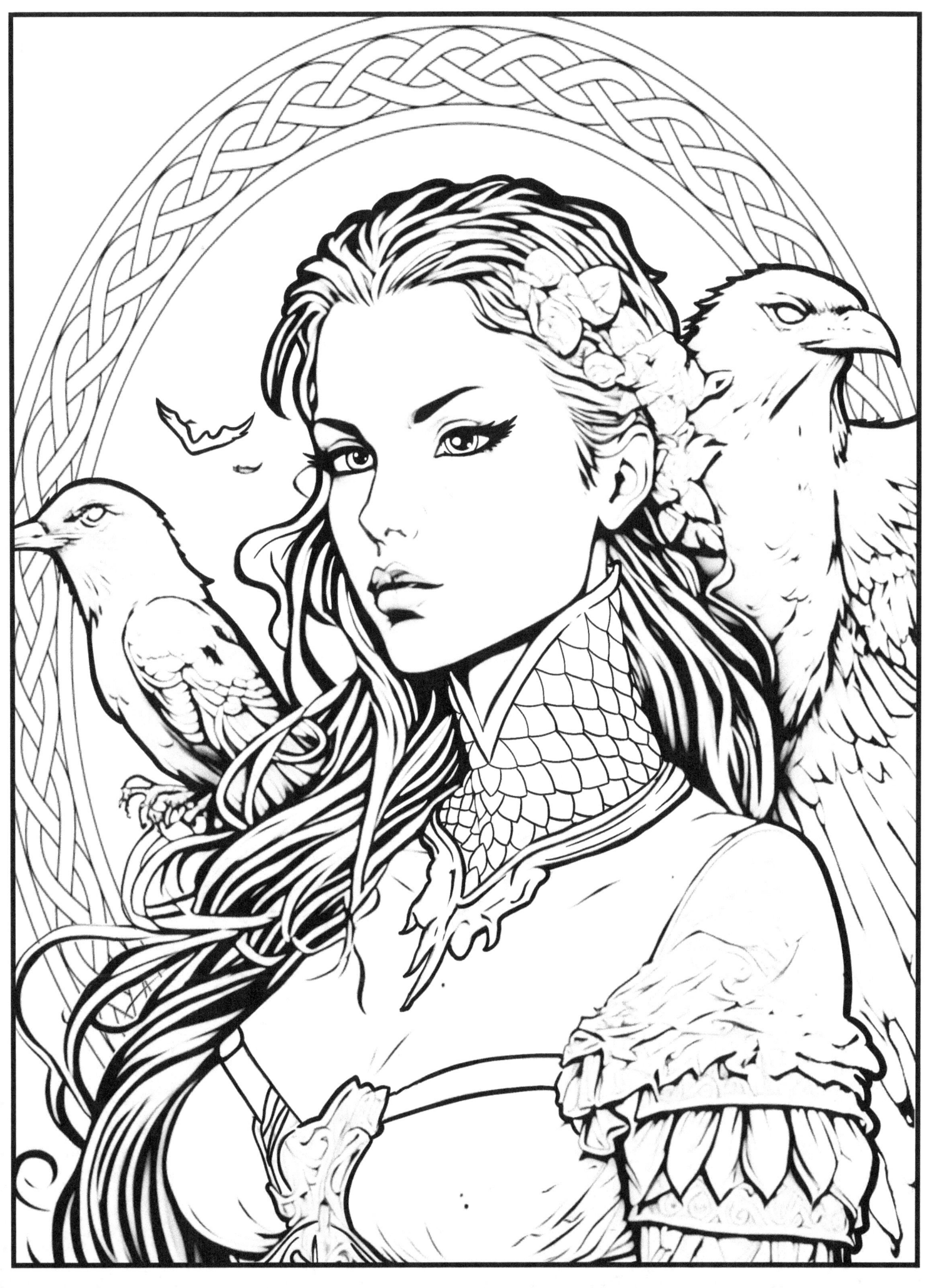

| | | | |
|---|---|---|---|
| ☐ | _____ | ☐ | _____ |
| ☐ | _____ | ☐ | _____ |
| ☐ | _____ | ☐ | _____ |
| ☐ | _____ | ☐ | _____ |
| ☐ | _____ | ☐ | _____ |
| ☐ | _____ | ☐ | _____ |
| ☐ | _____ | ☐ | _____ |
| ☐ | _____ | ☐ | _____ |
| ☐ | _____ | ☐ | _____ |
| ☐ | _____ | ☐ | _____ |
| ☐ | _____ | ☐ | _____ |
| ☐ | _____ | ☐ | _____ |
| ☐ | _____ | ☐ | _____ |
| ☐ | _____ | ☐ | _____ |

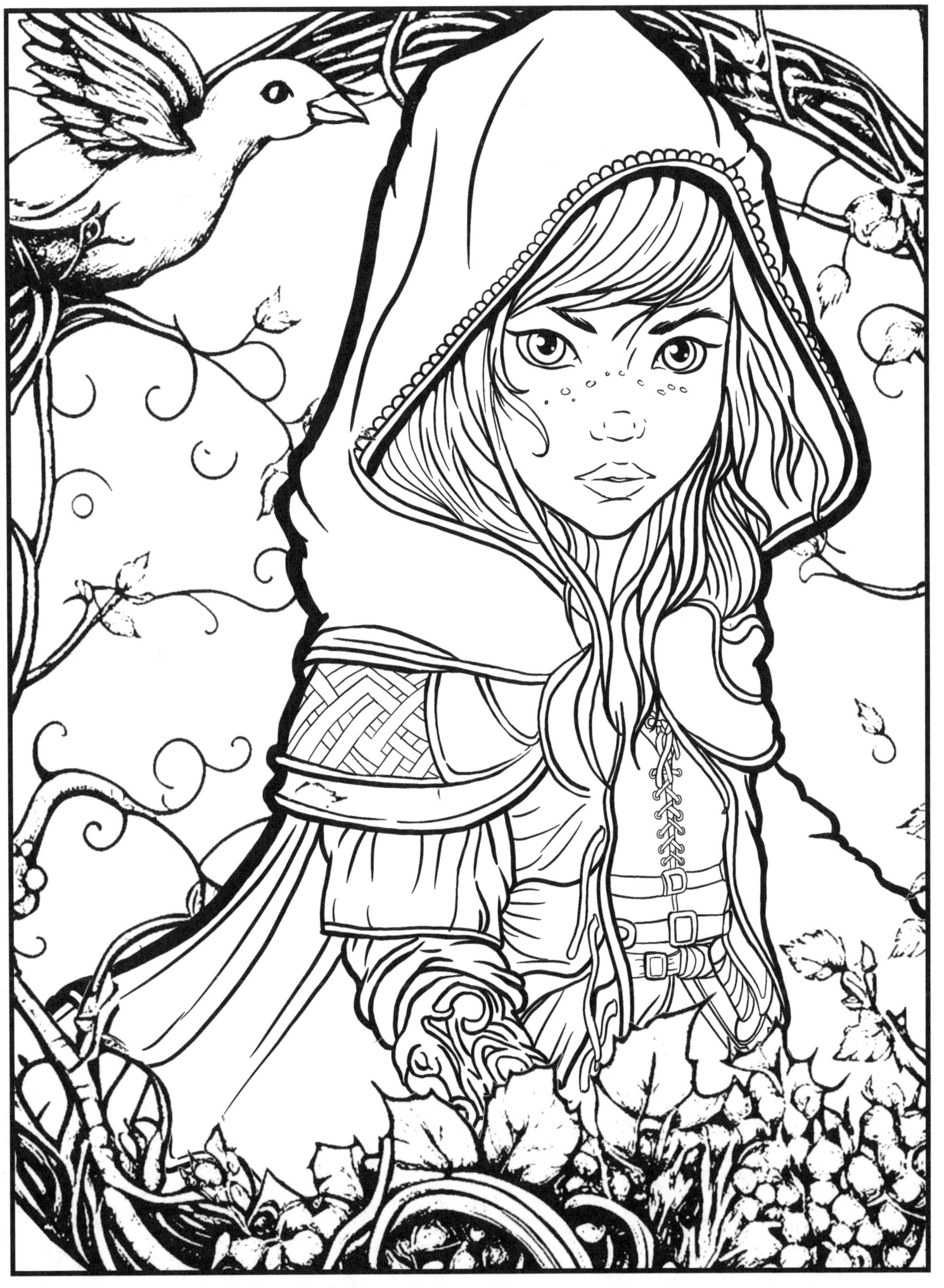

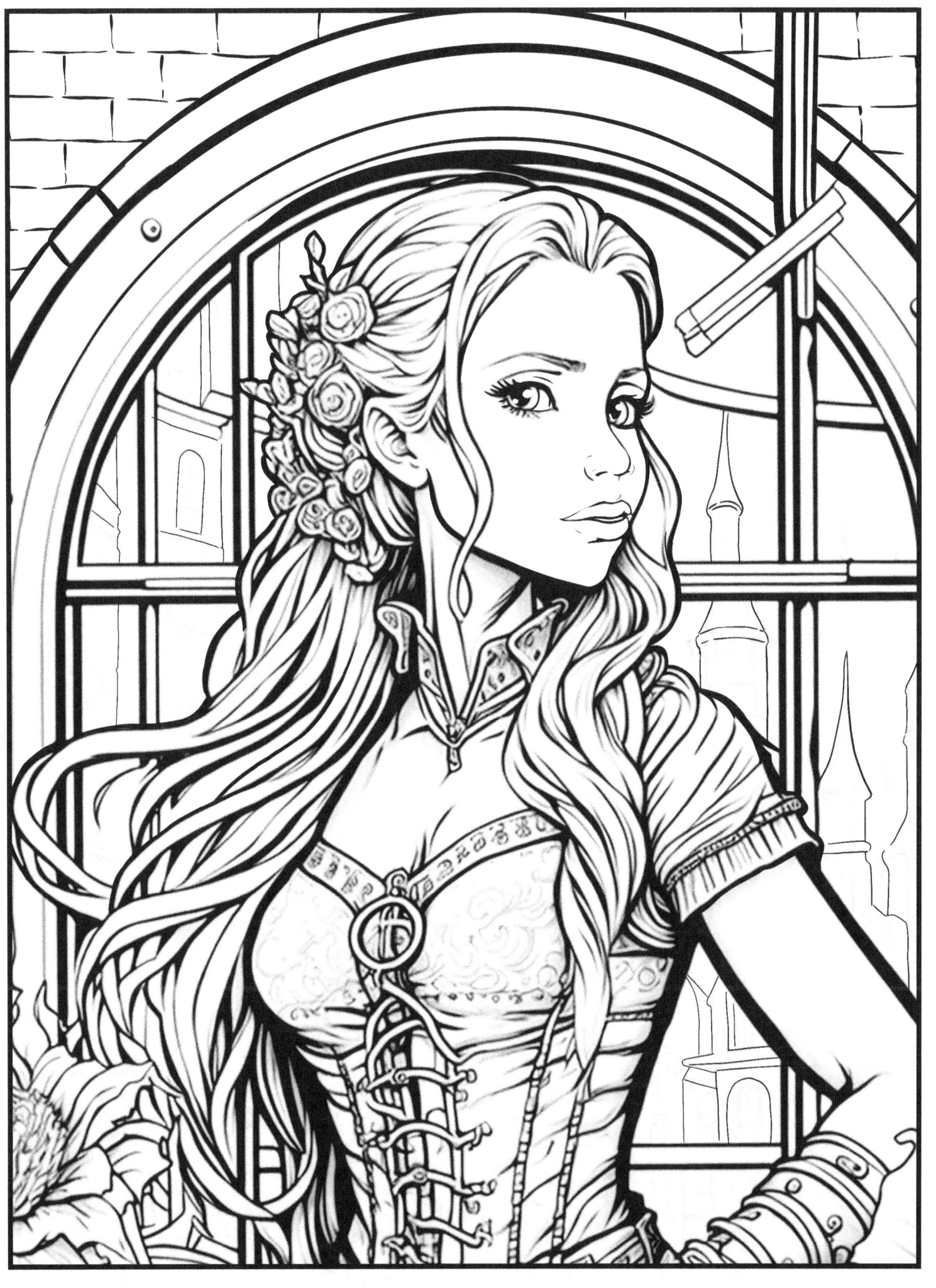

Color Palette

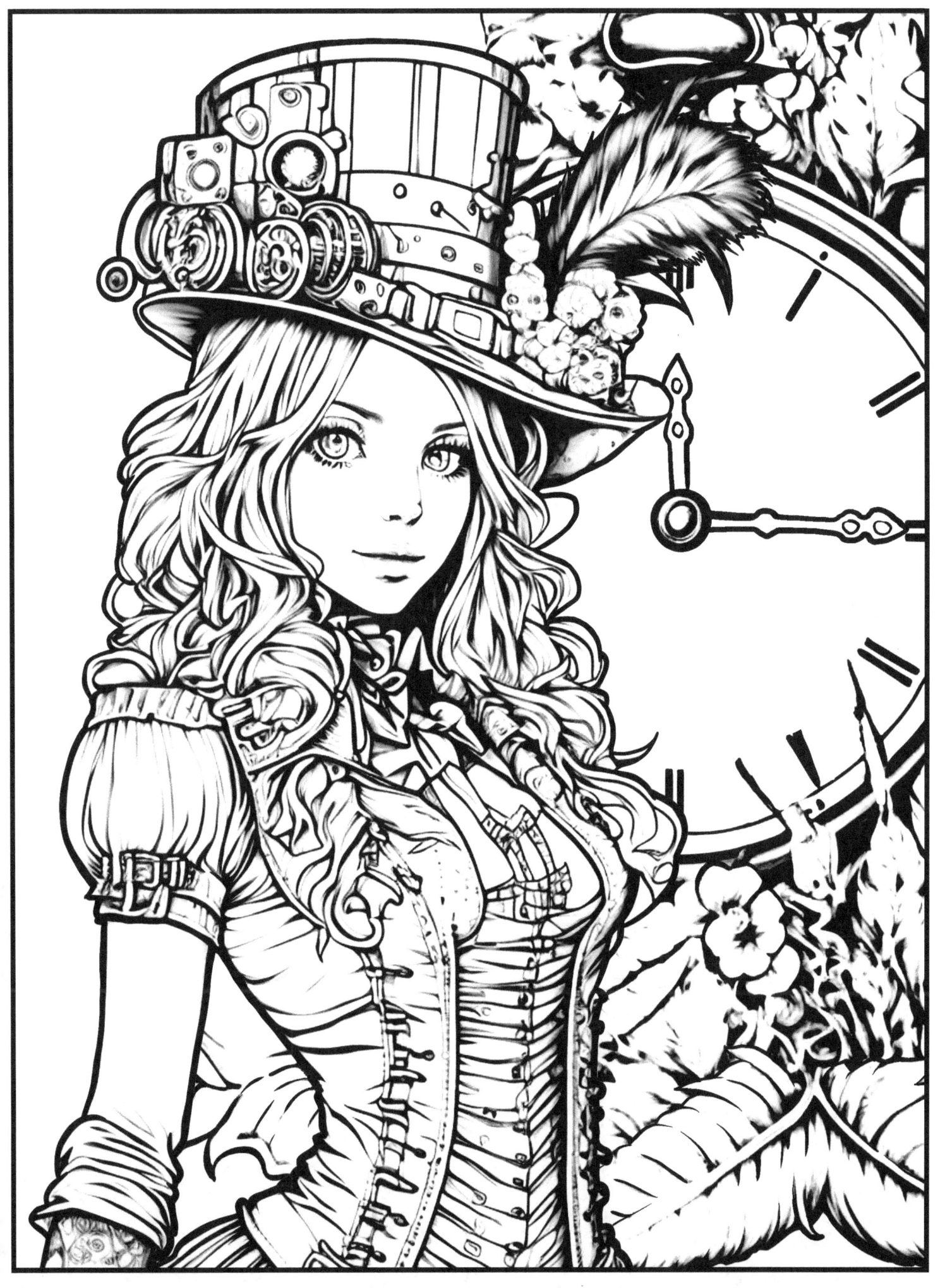

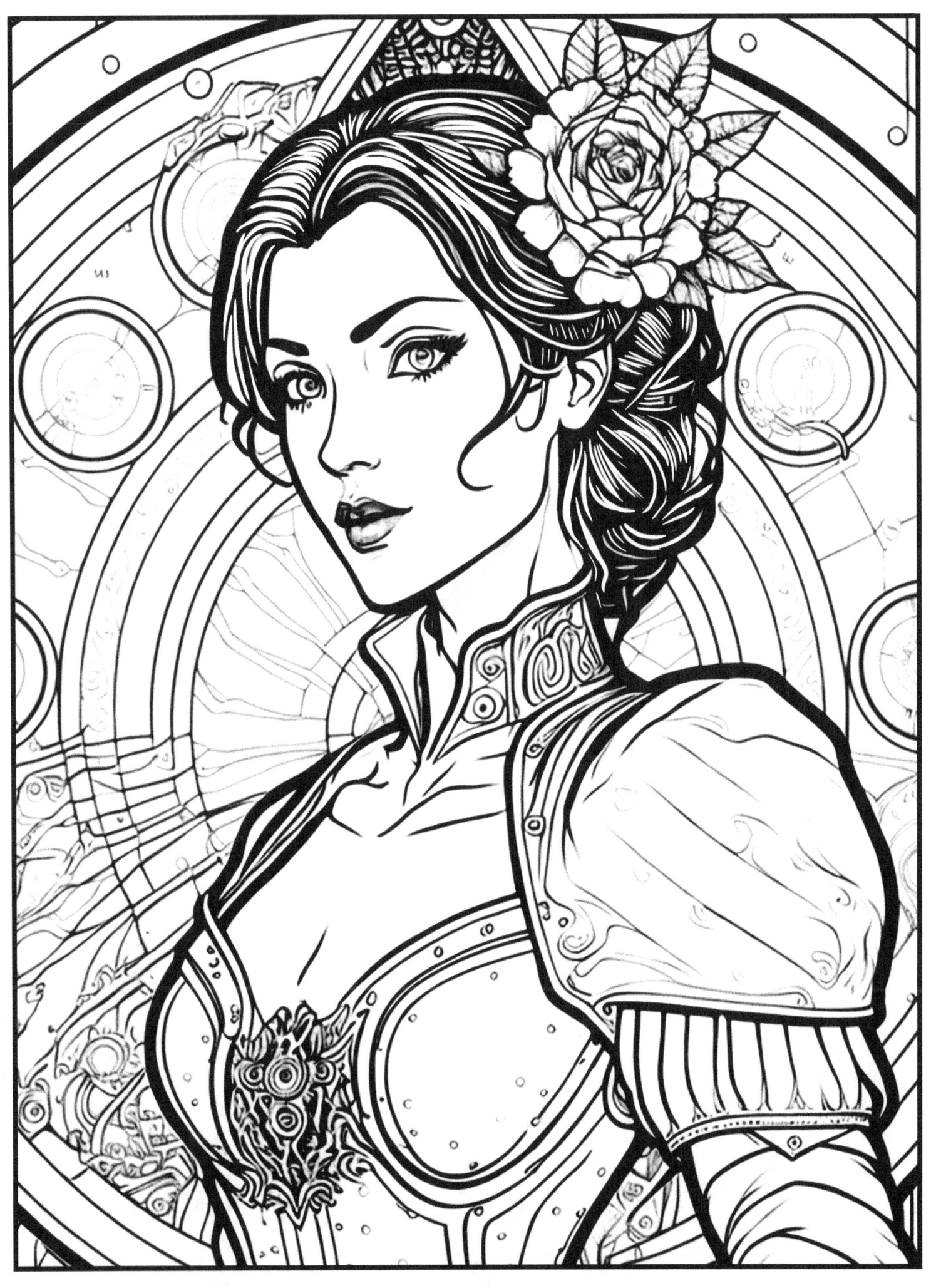

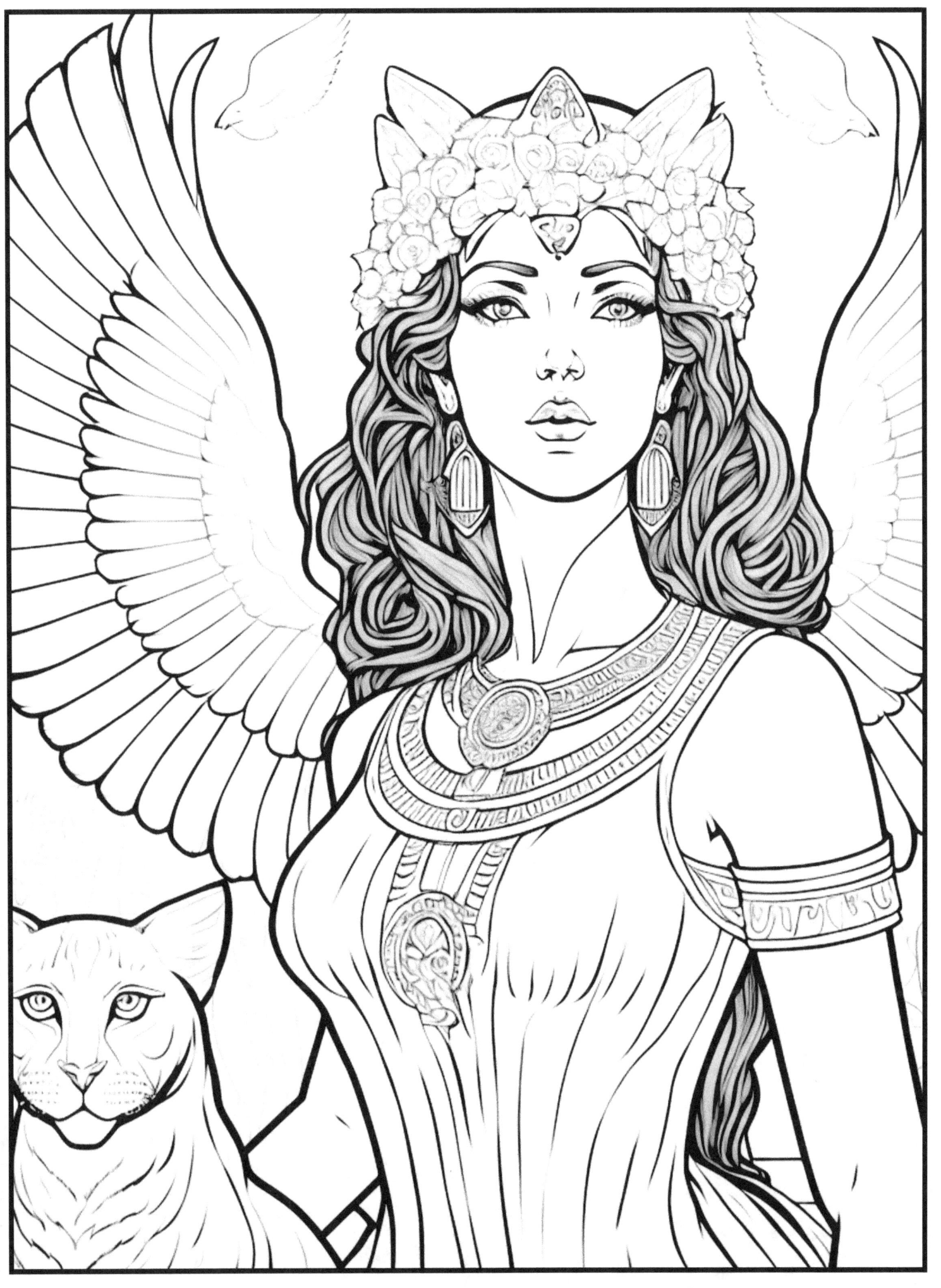

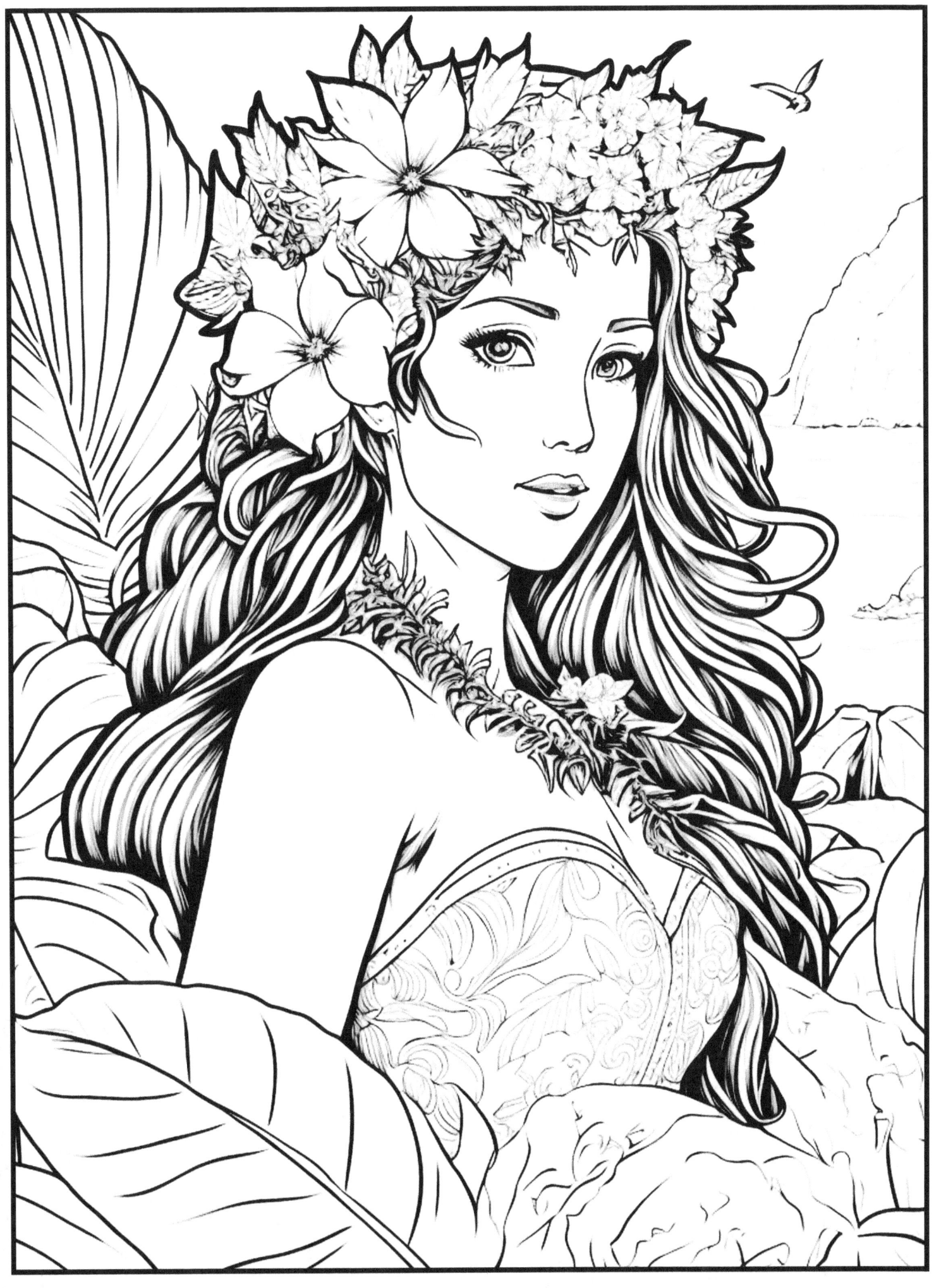

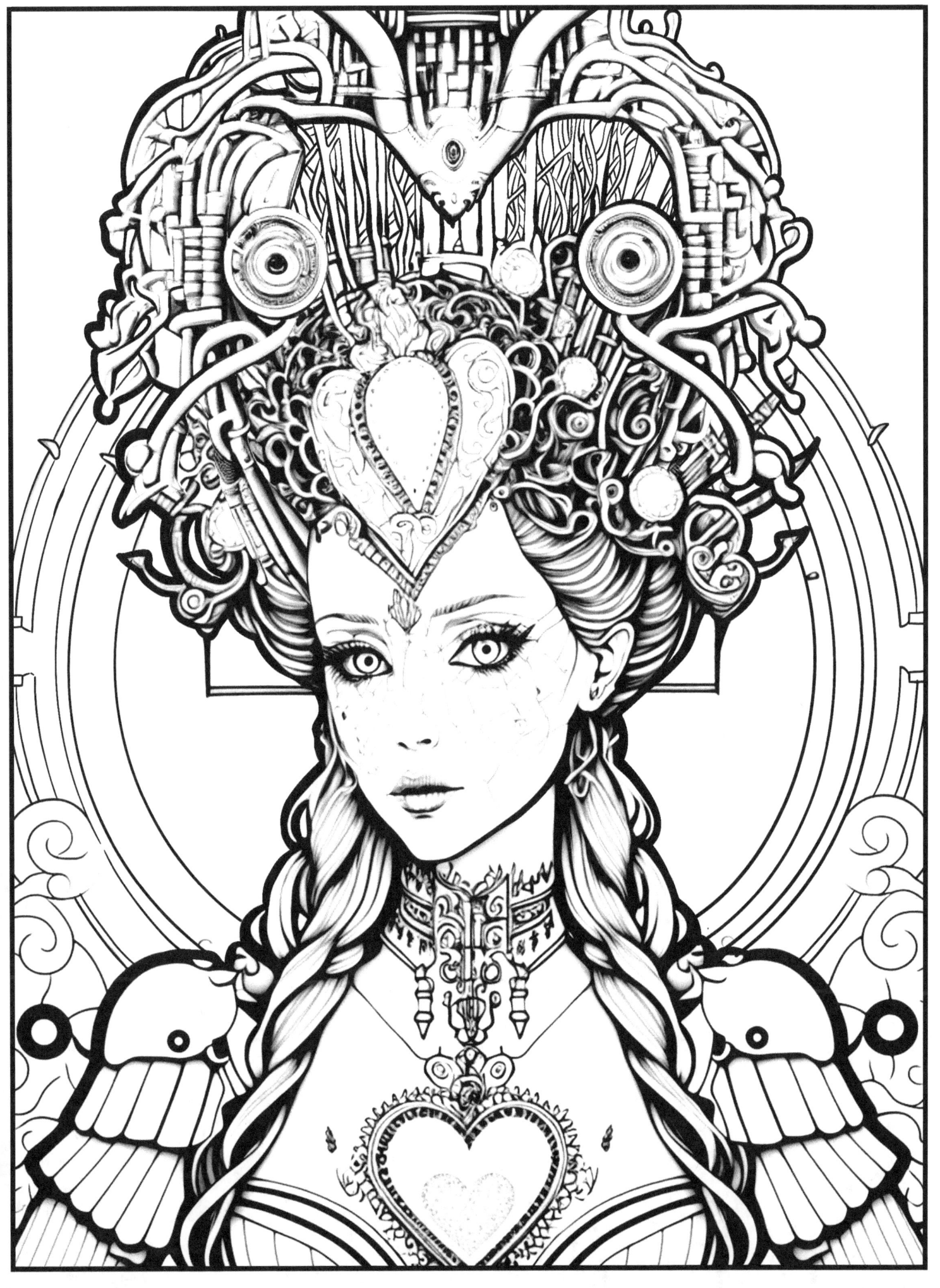

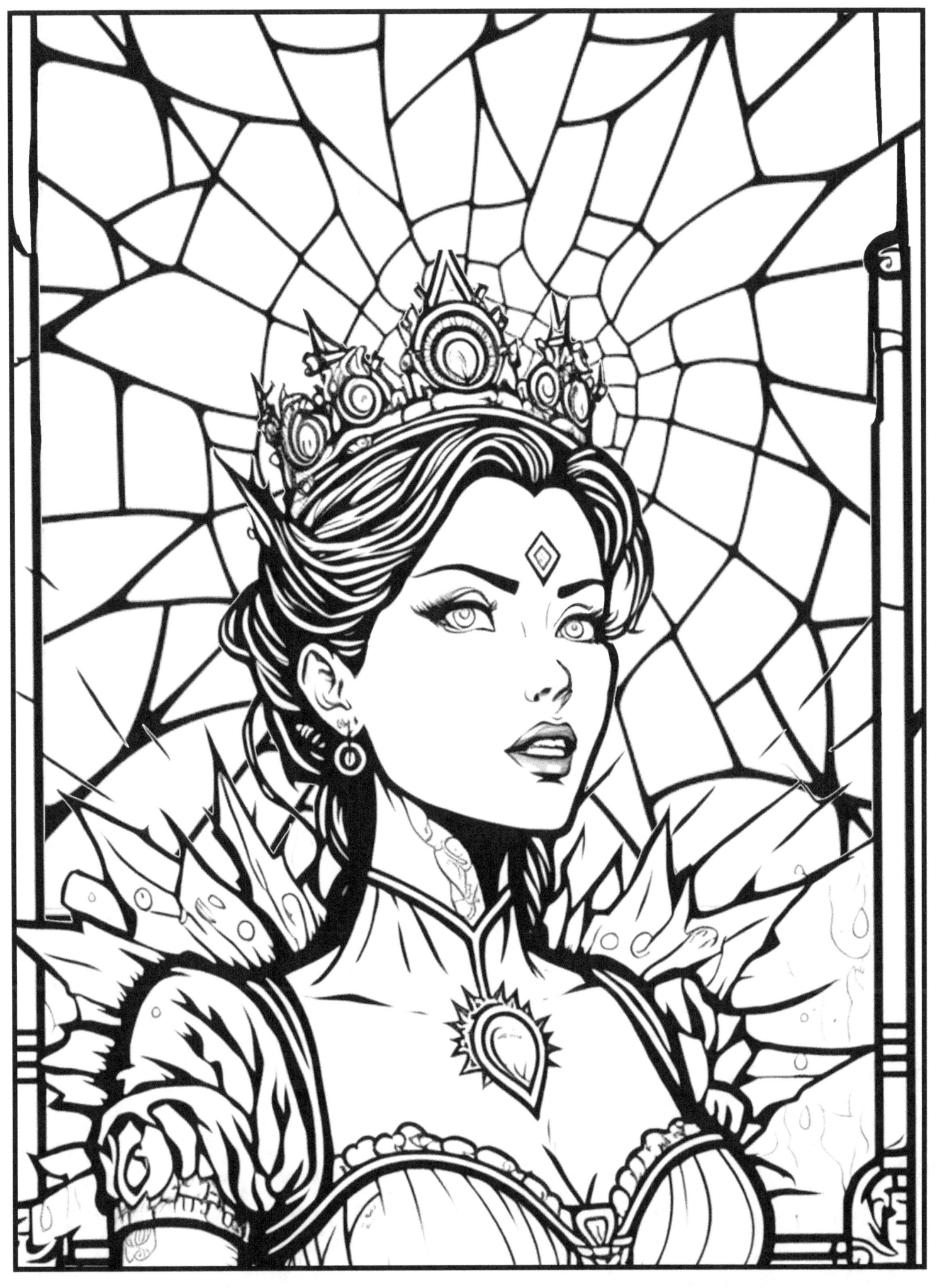

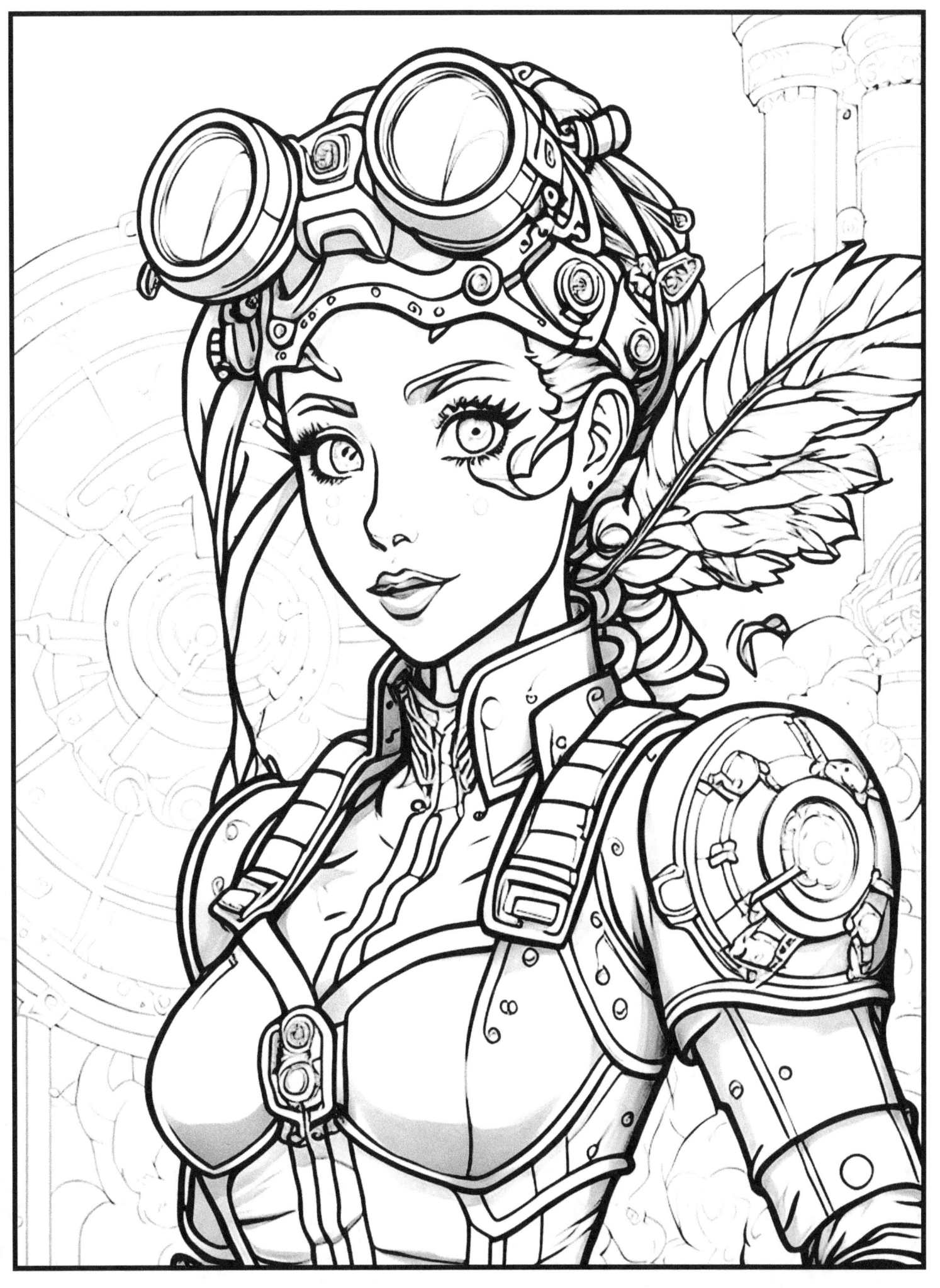

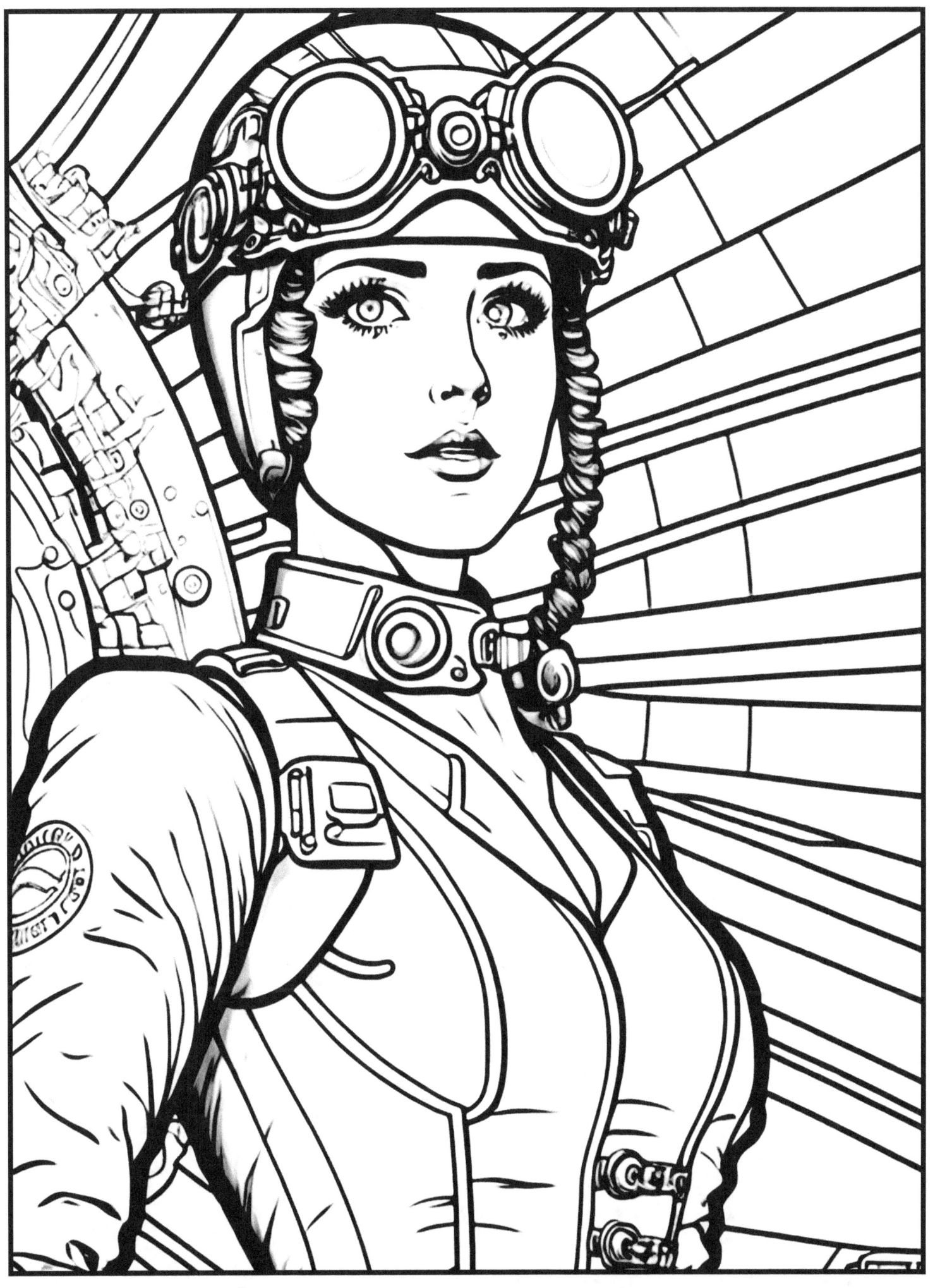

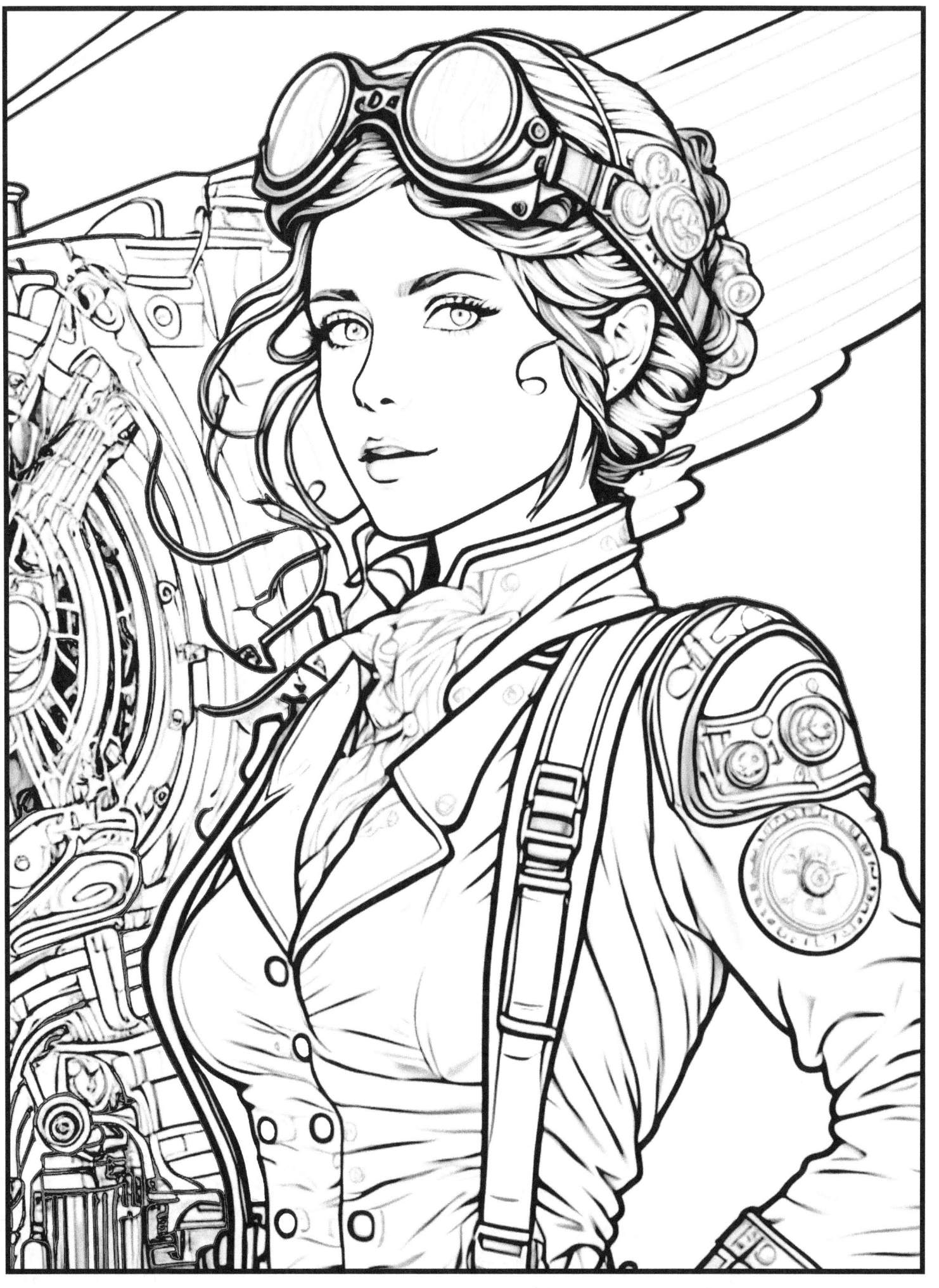

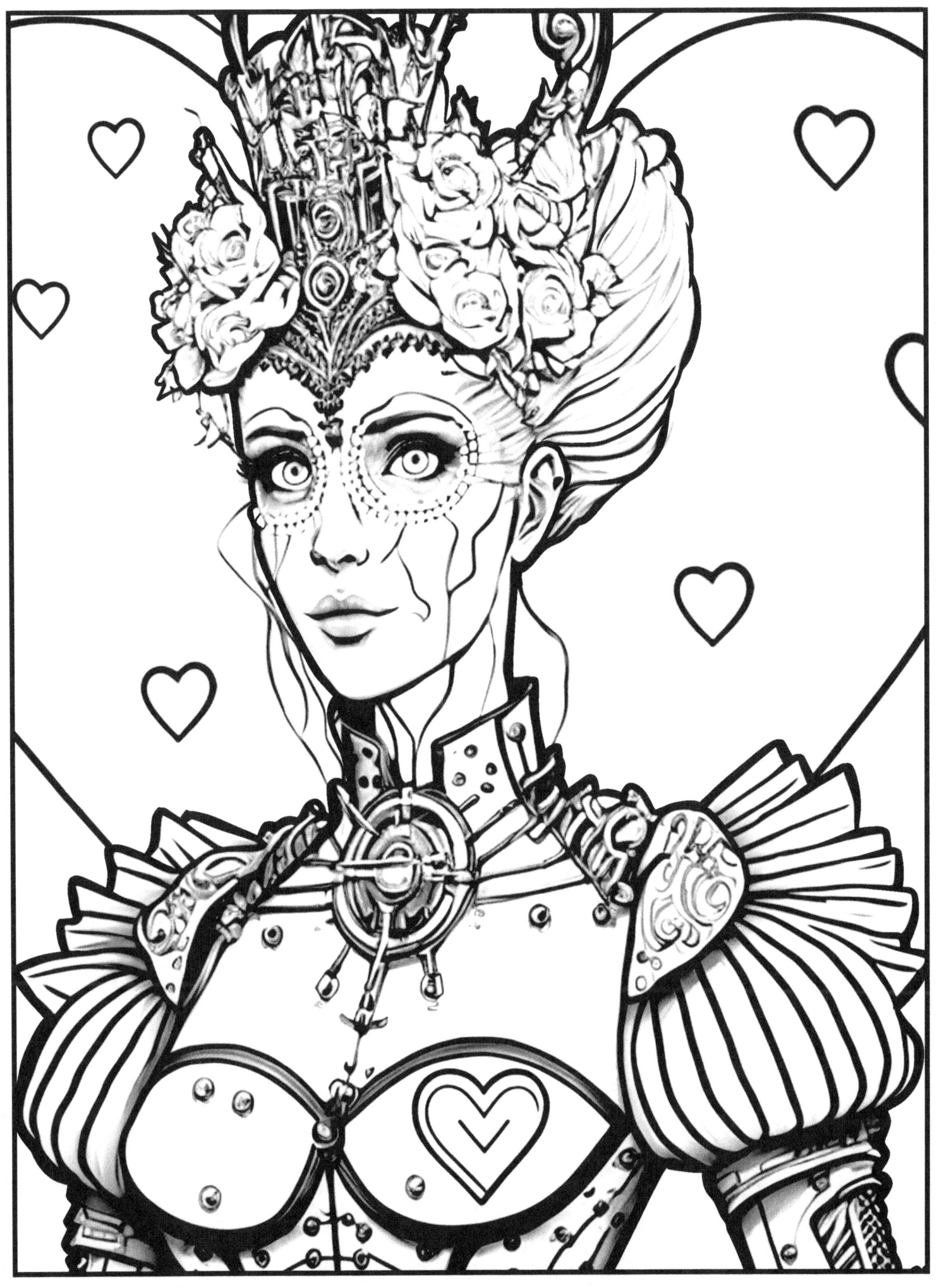

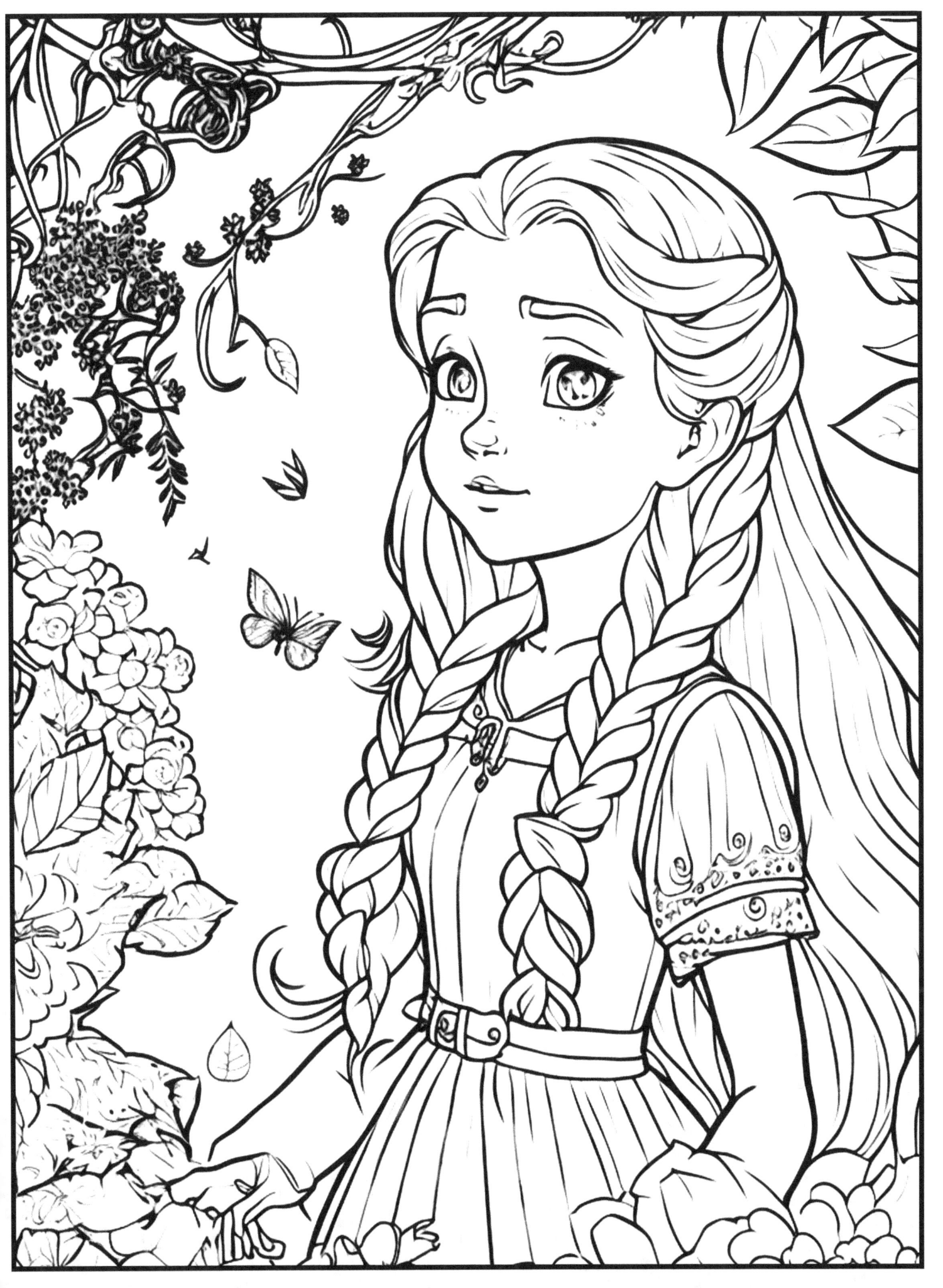

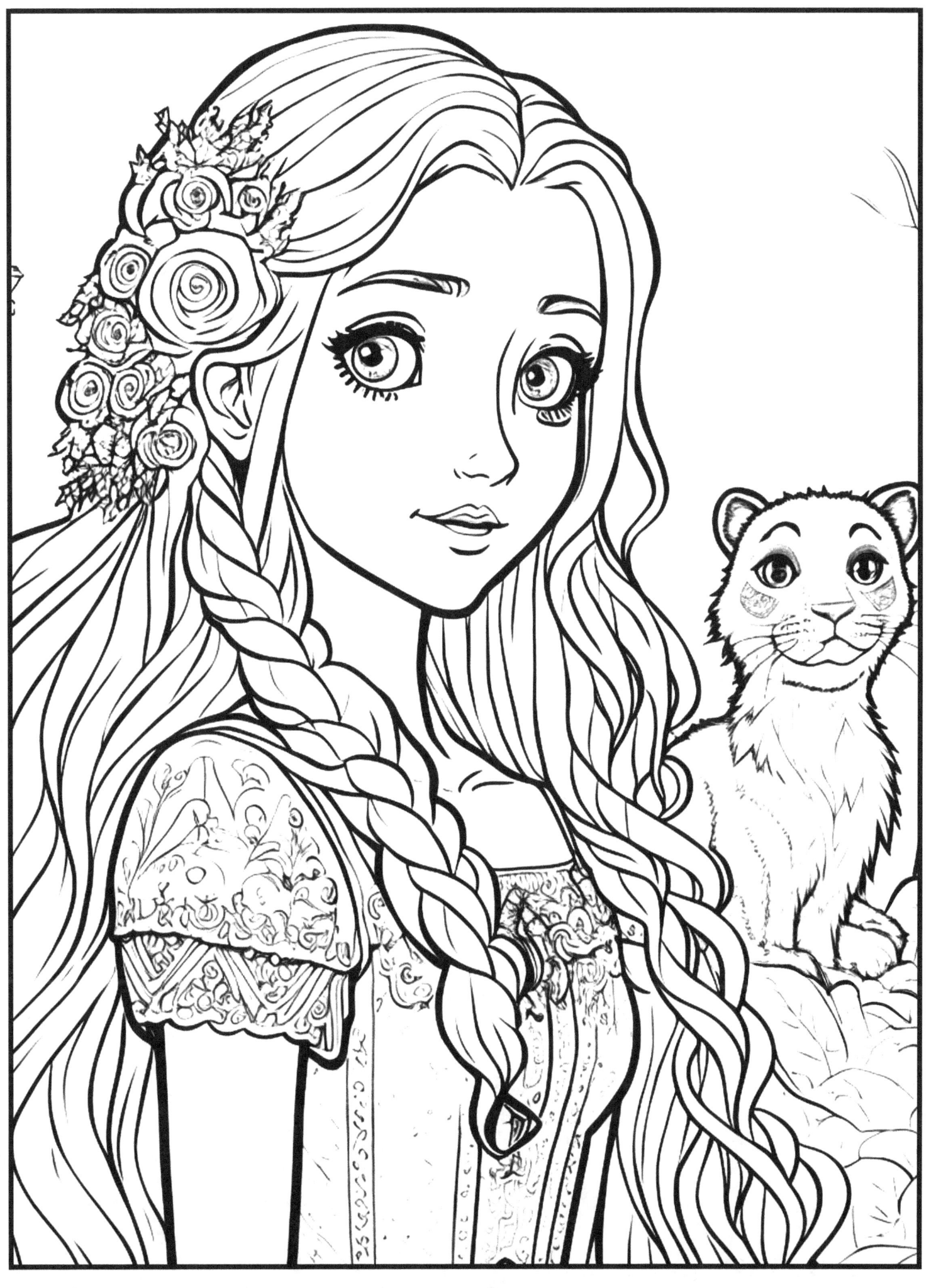

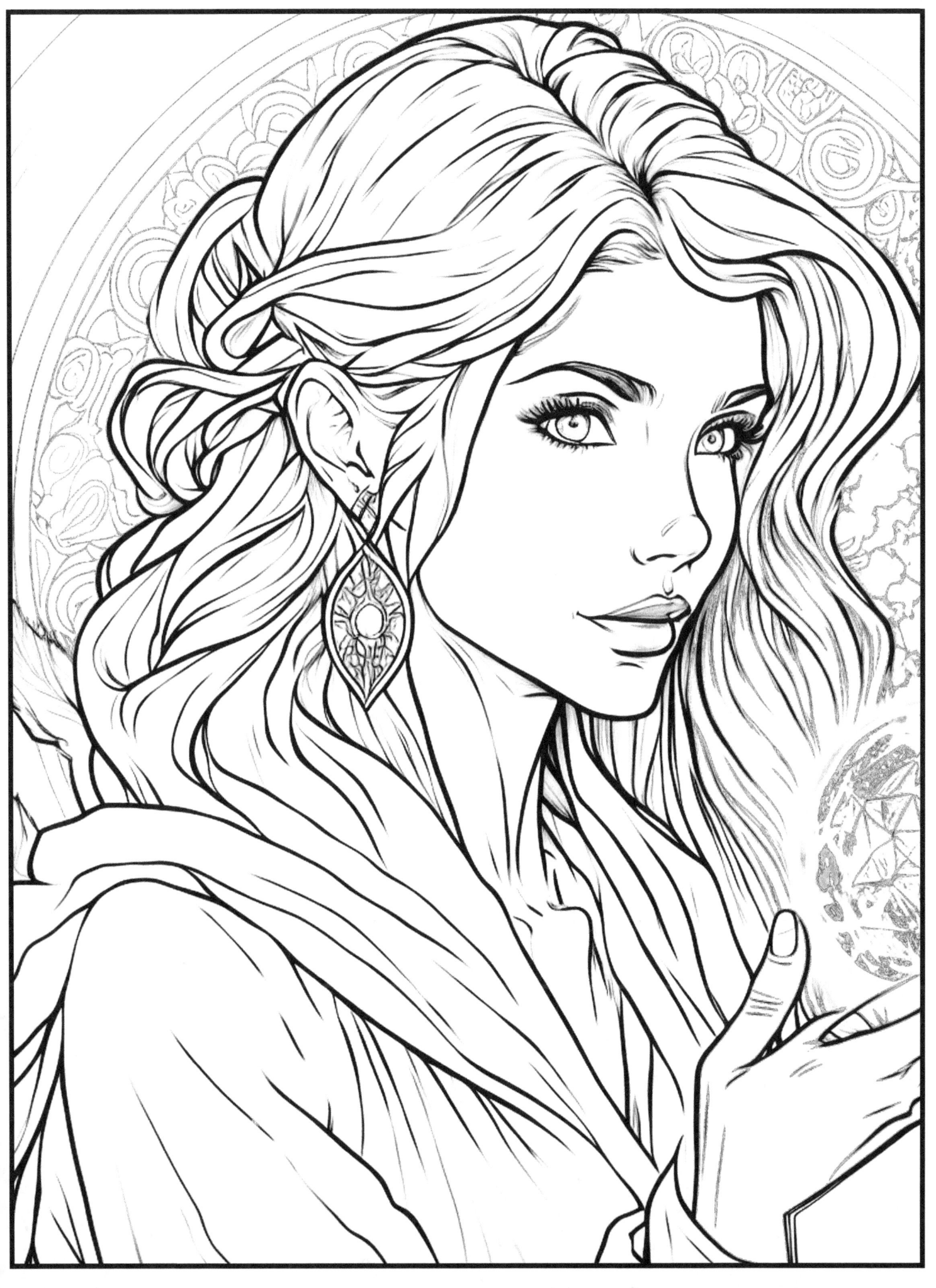

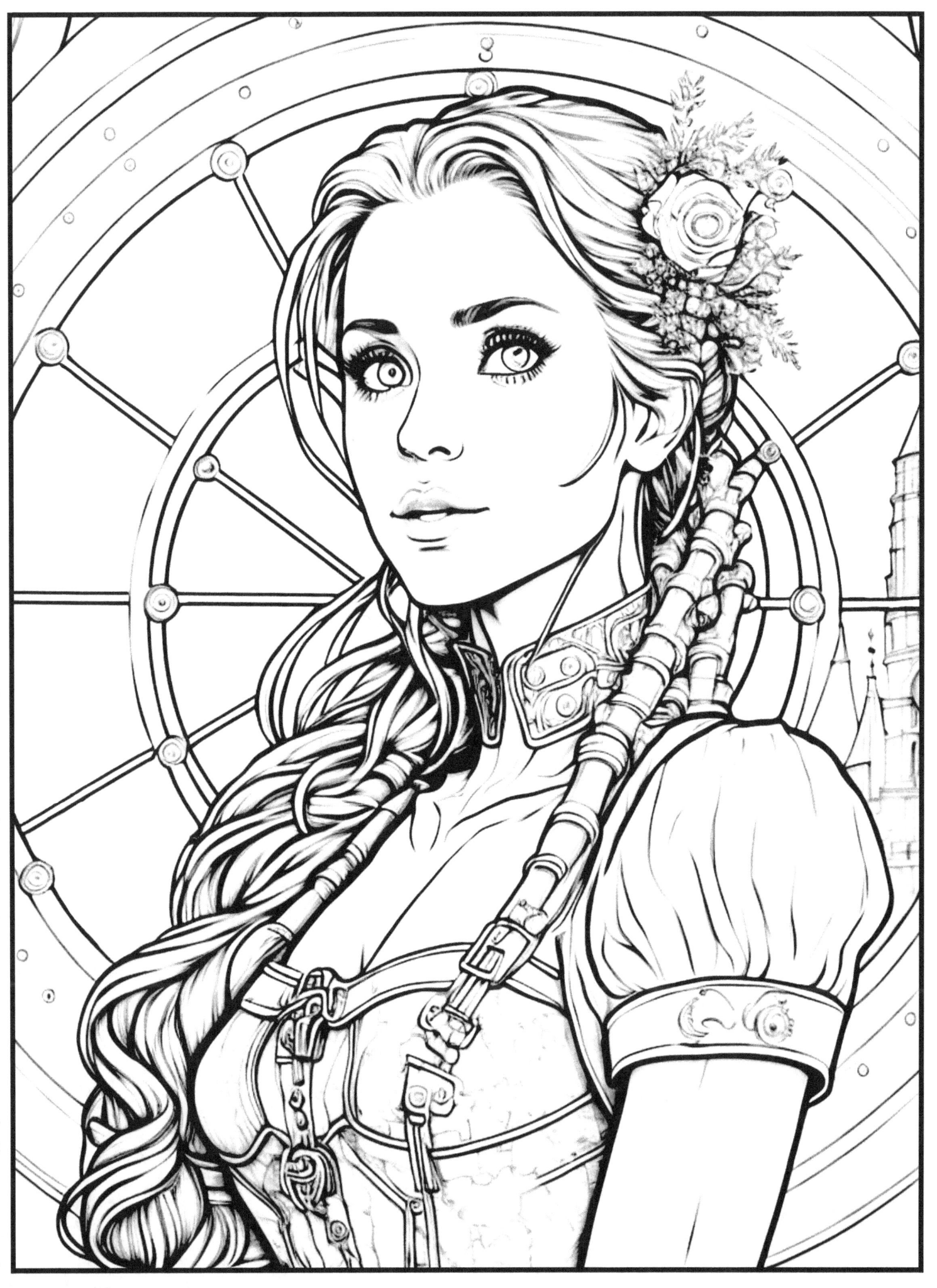

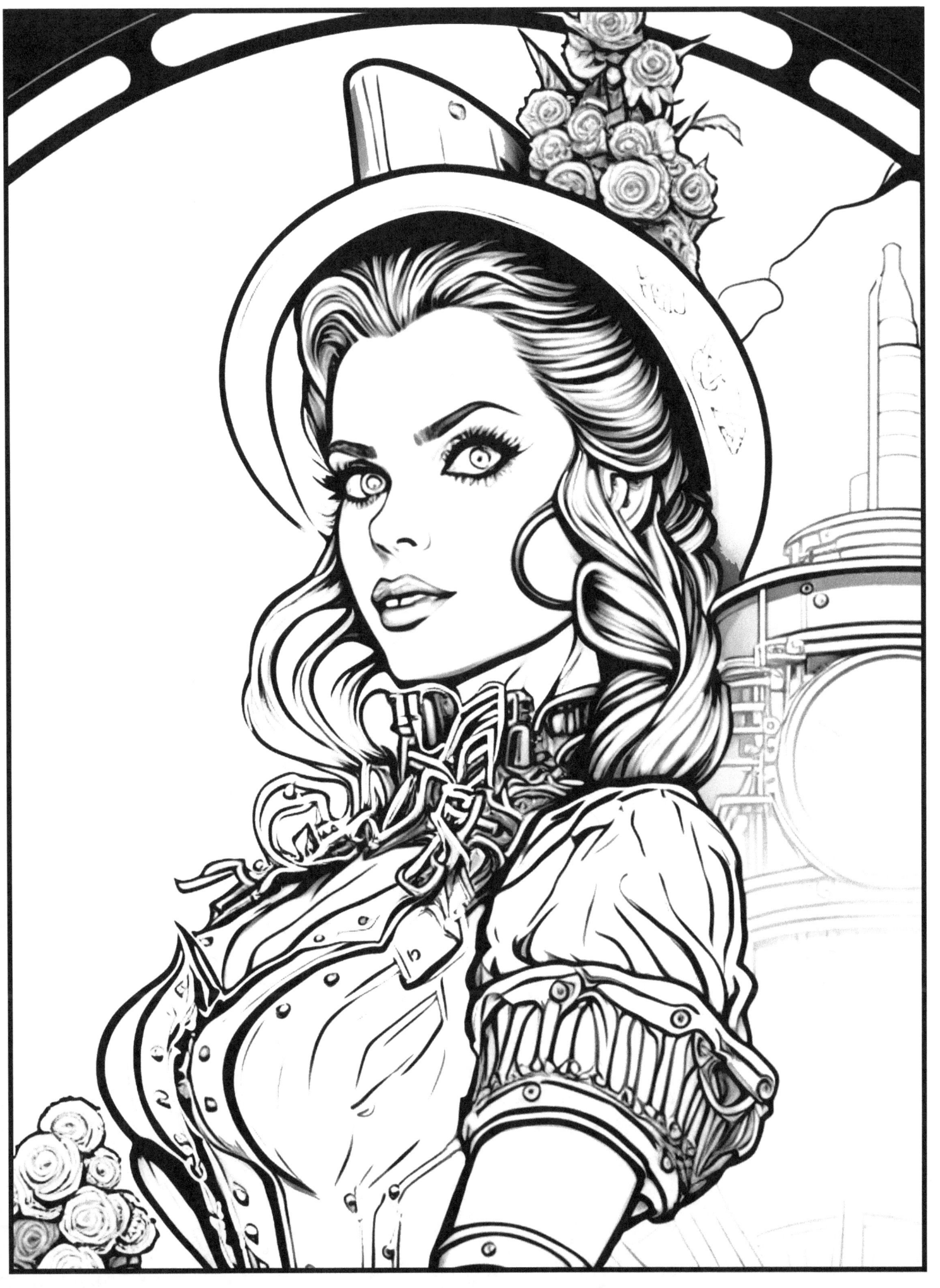

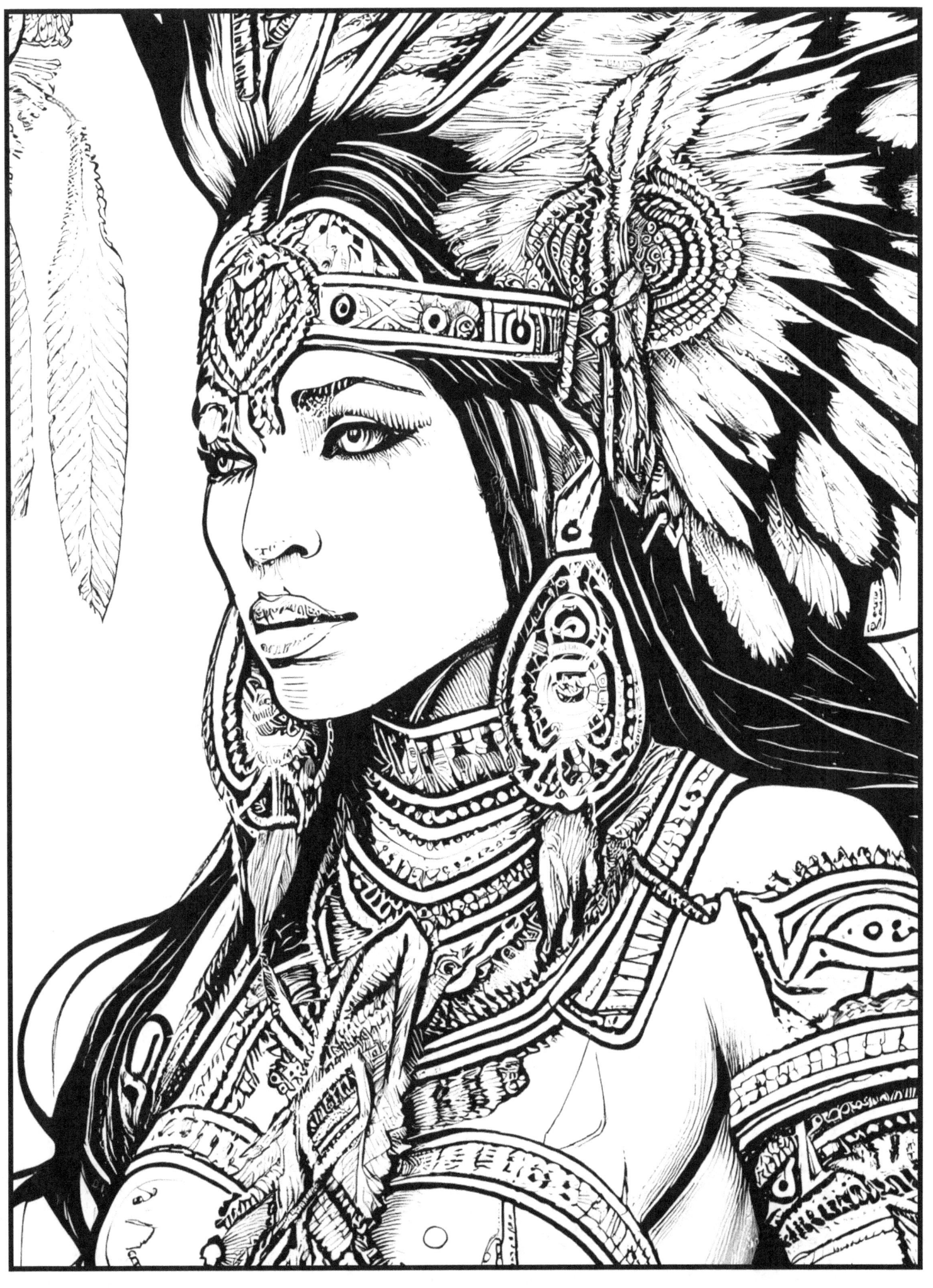

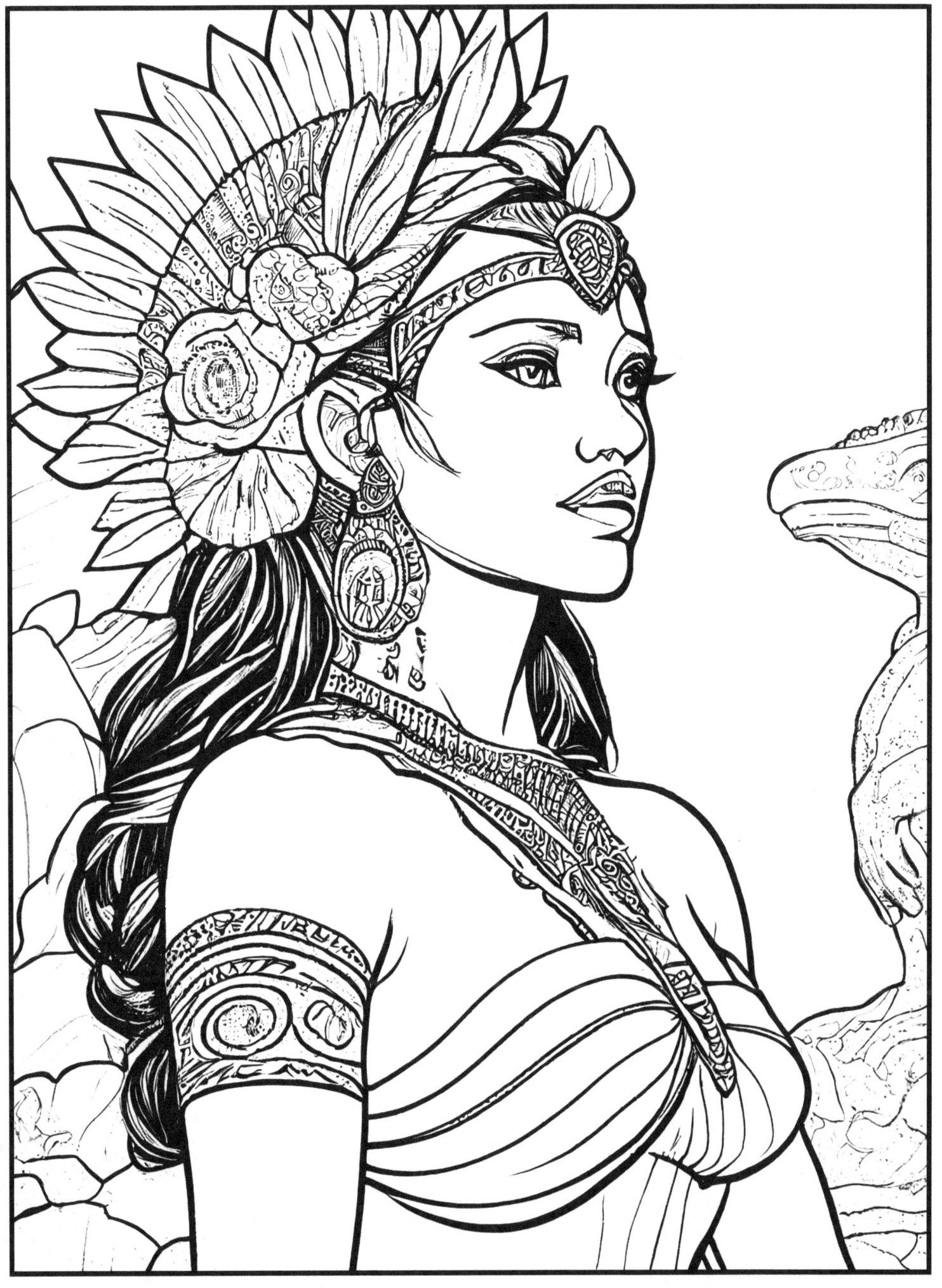

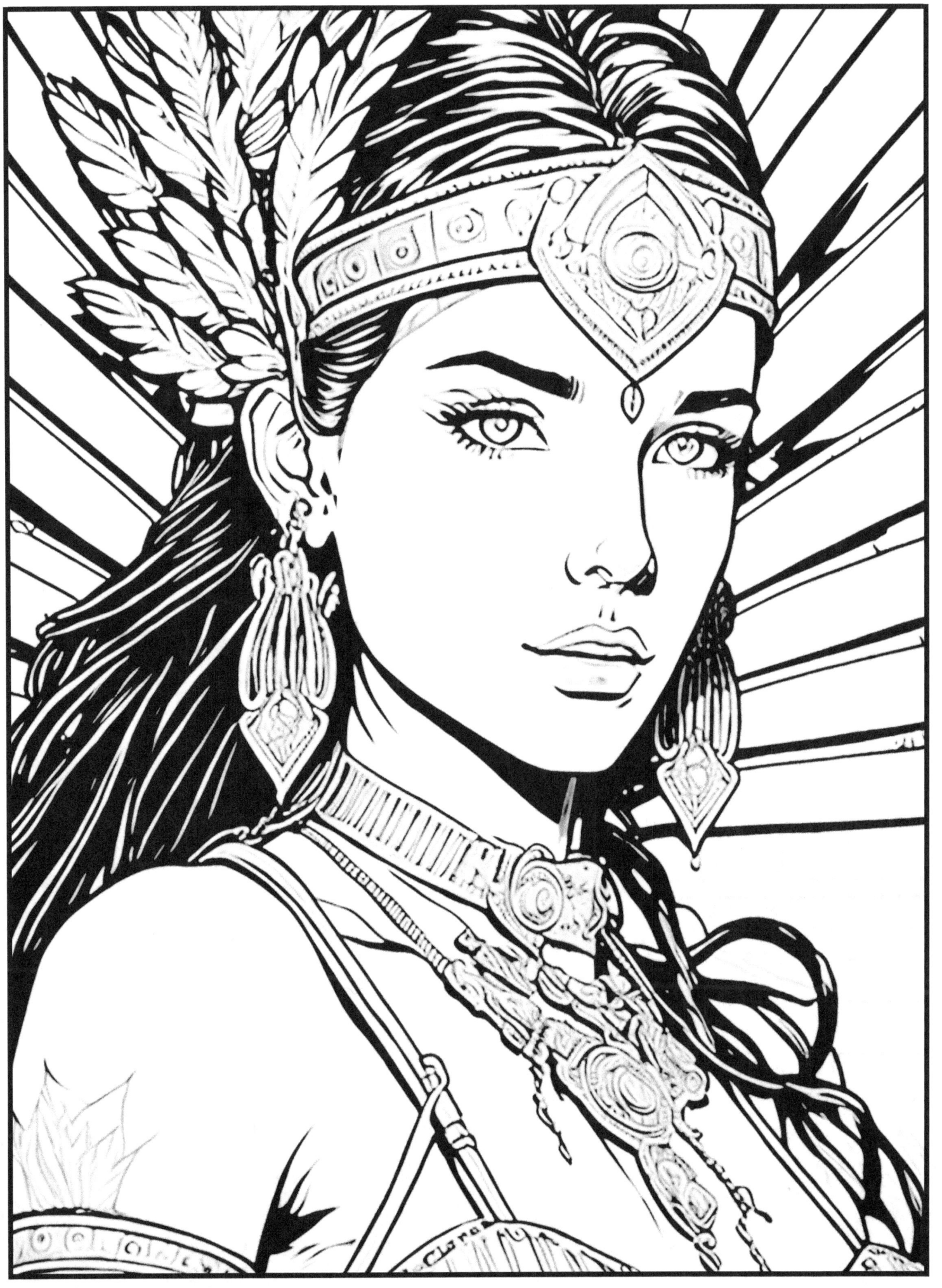

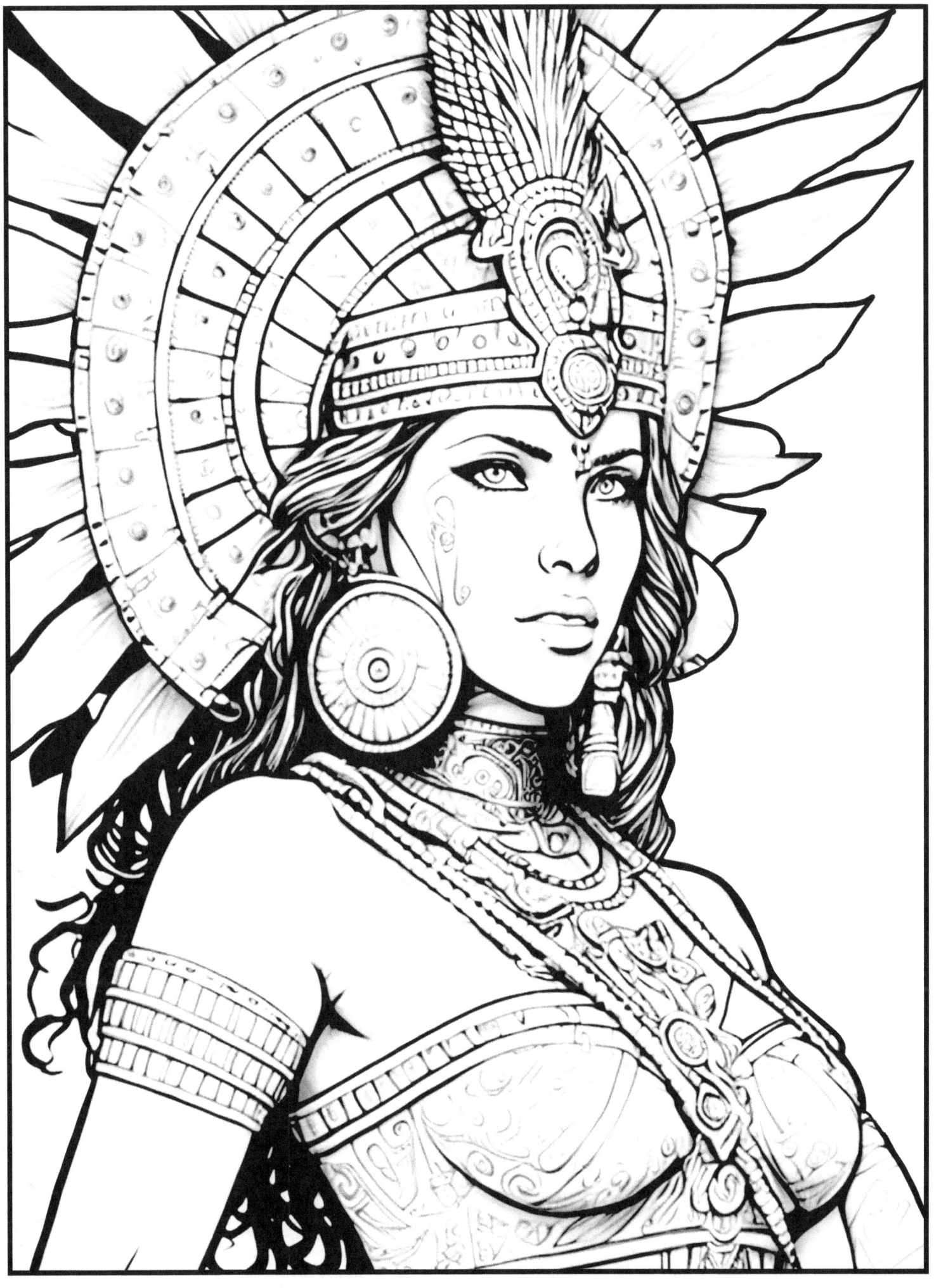

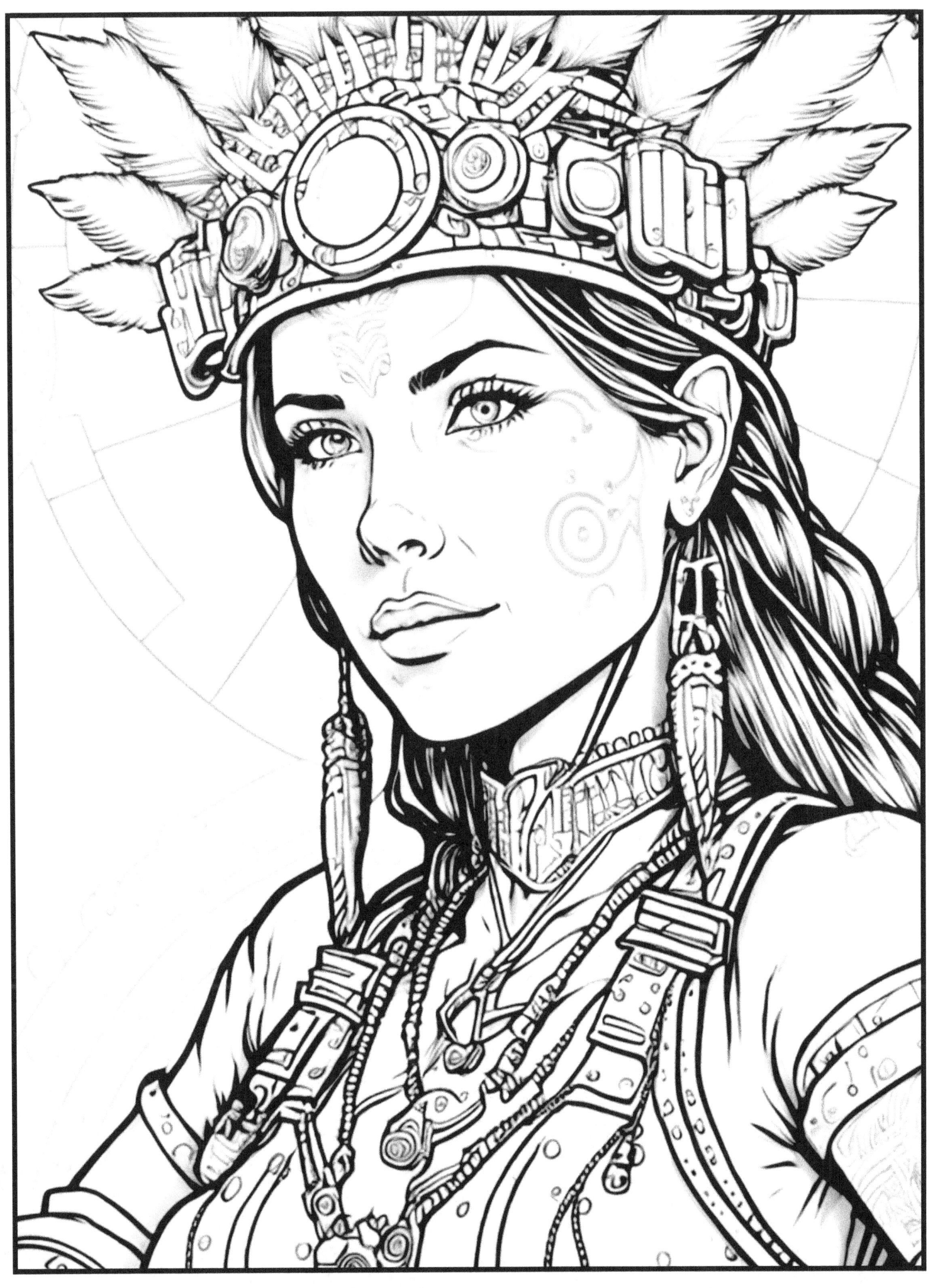

| | |
|---|---|
| ☐ _____ | ☐ _____ |
| ☐ _____ | ☐ _____ |
| ☐ _____ | ☐ _____ |
| ☐ _____ | ☐ _____ |
| ☐ _____ | ☐ _____ |
| ☐ _____ | ☐ _____ |
| ☐ _____ | ☐ _____ |
| ☐ _____ | ☐ _____ |
| ☐ _____ | ☐ _____ |
| ☐ _____ | ☐ _____ |
| ☐ _____ | ☐ _____ |
| ☐ _____ | ☐ _____ |
| ☐ _____ | ☐ _____ |
| ☐ _____ | ☐ _____ |

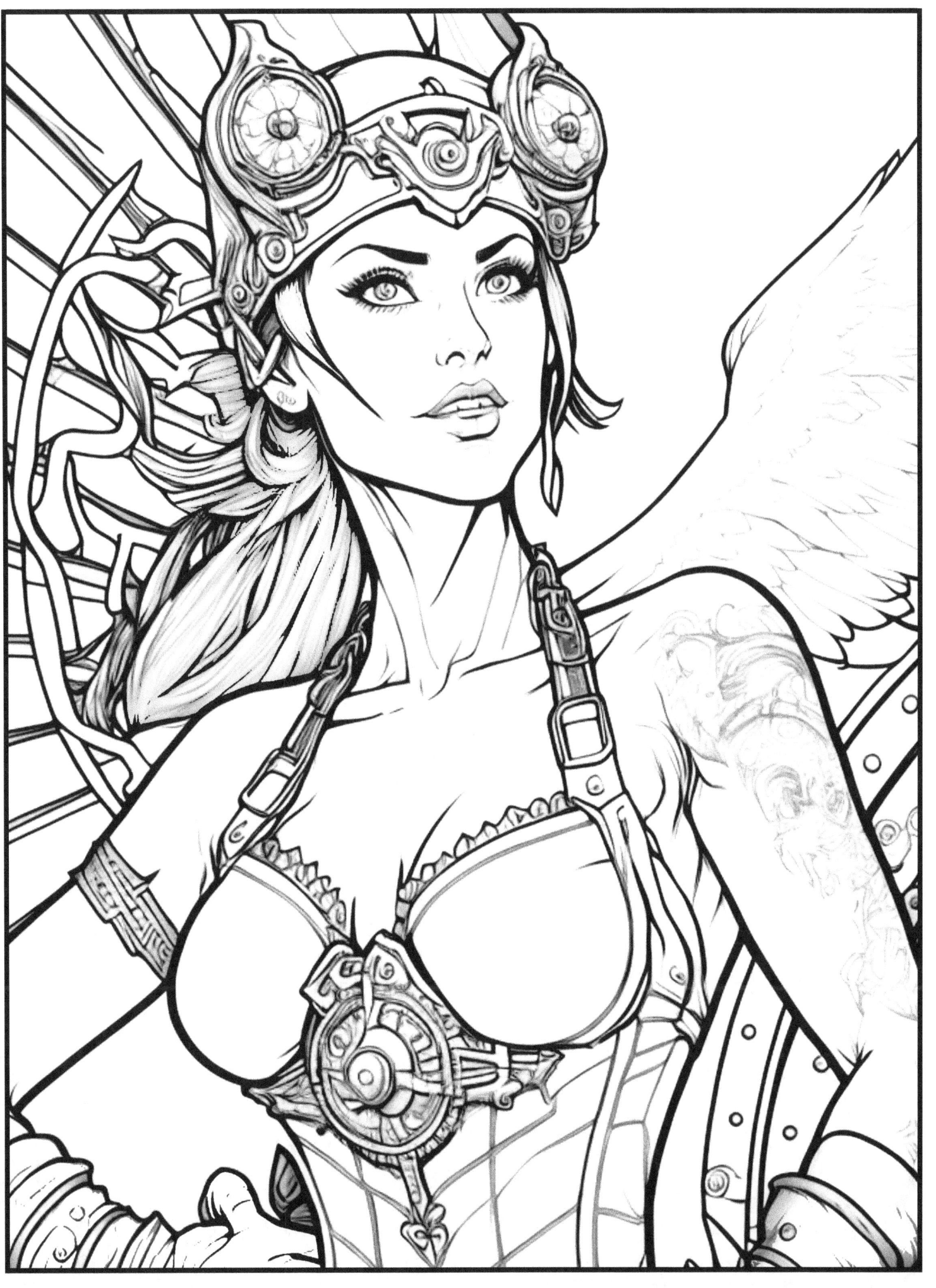

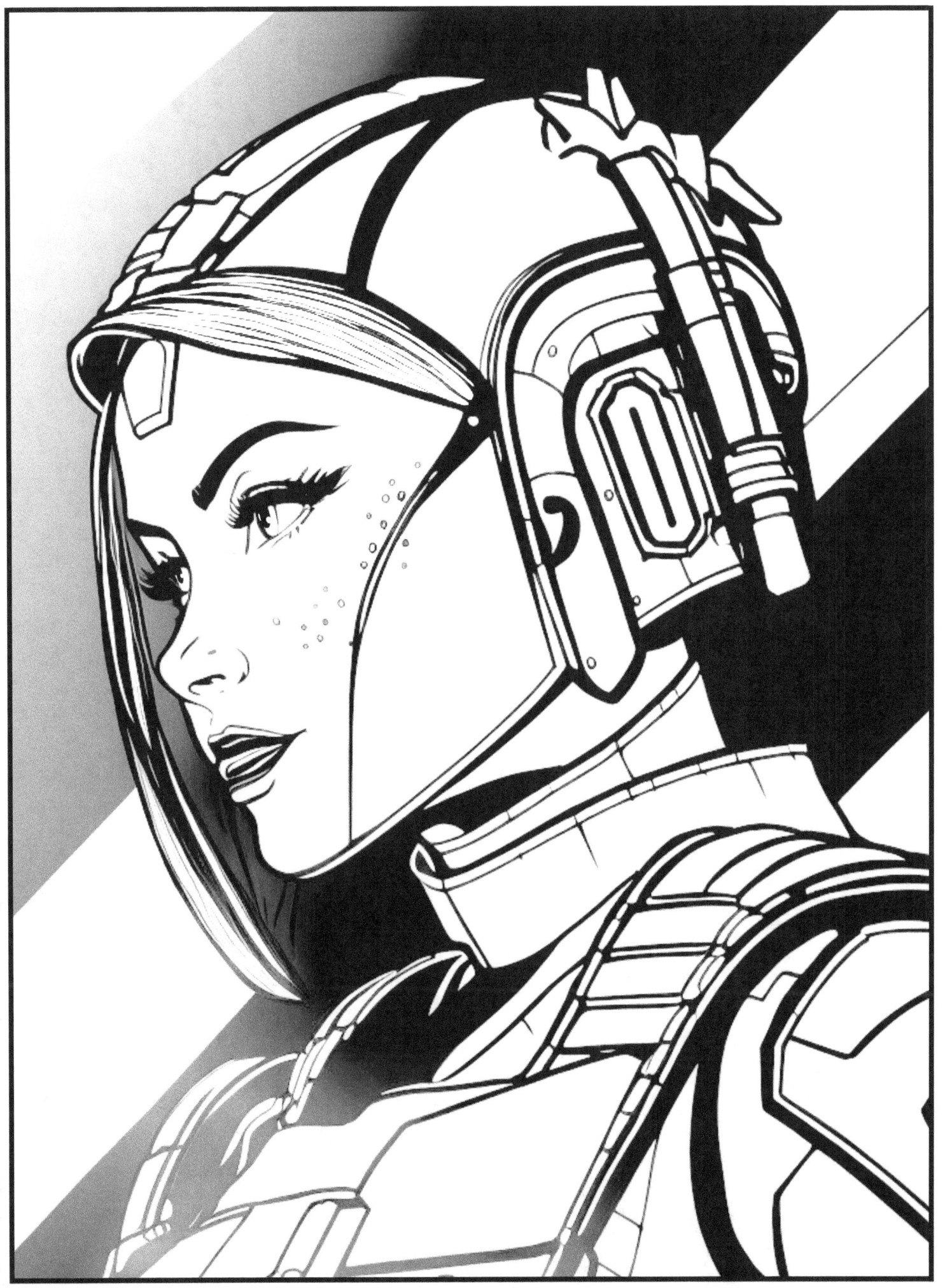

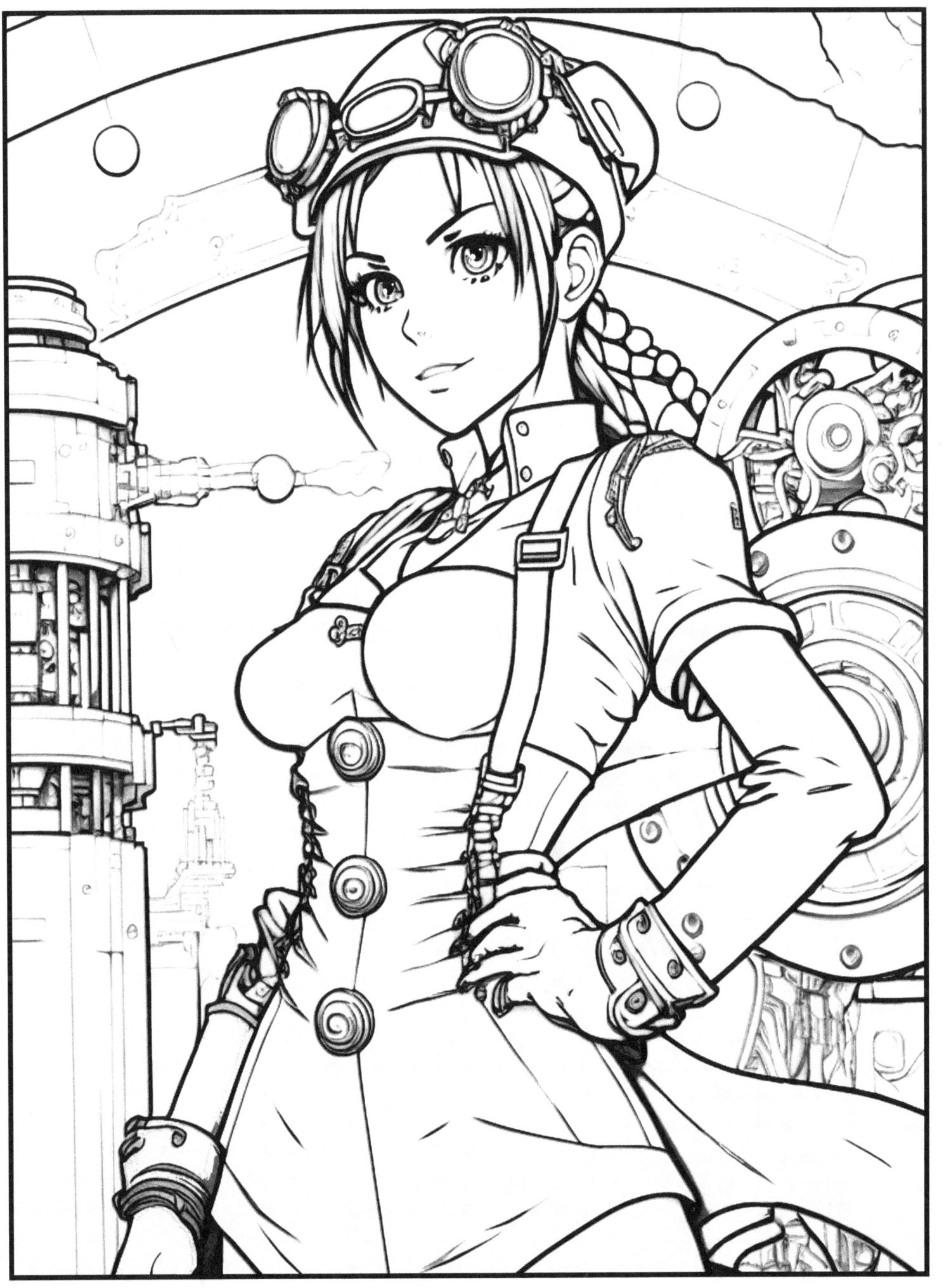

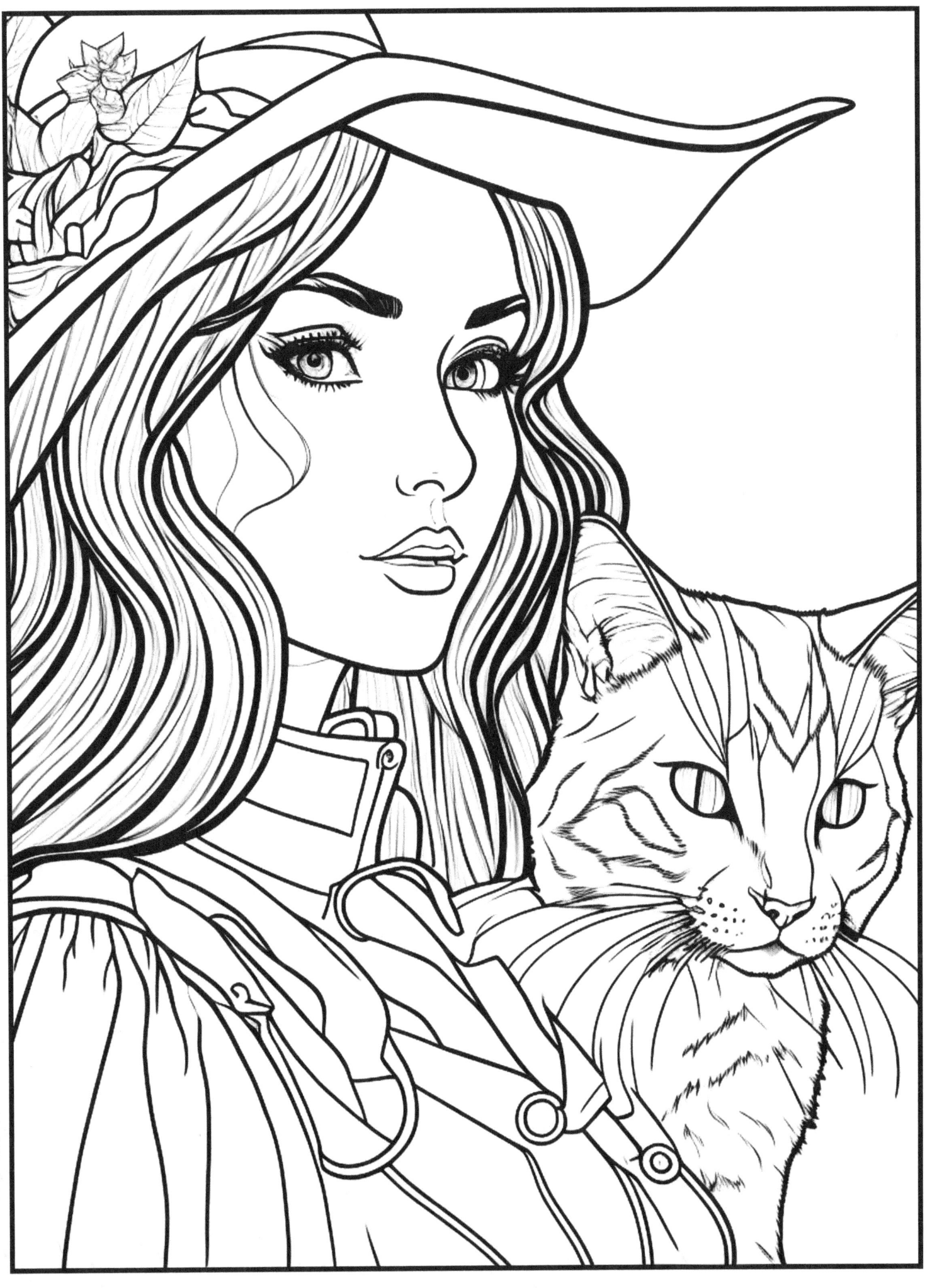

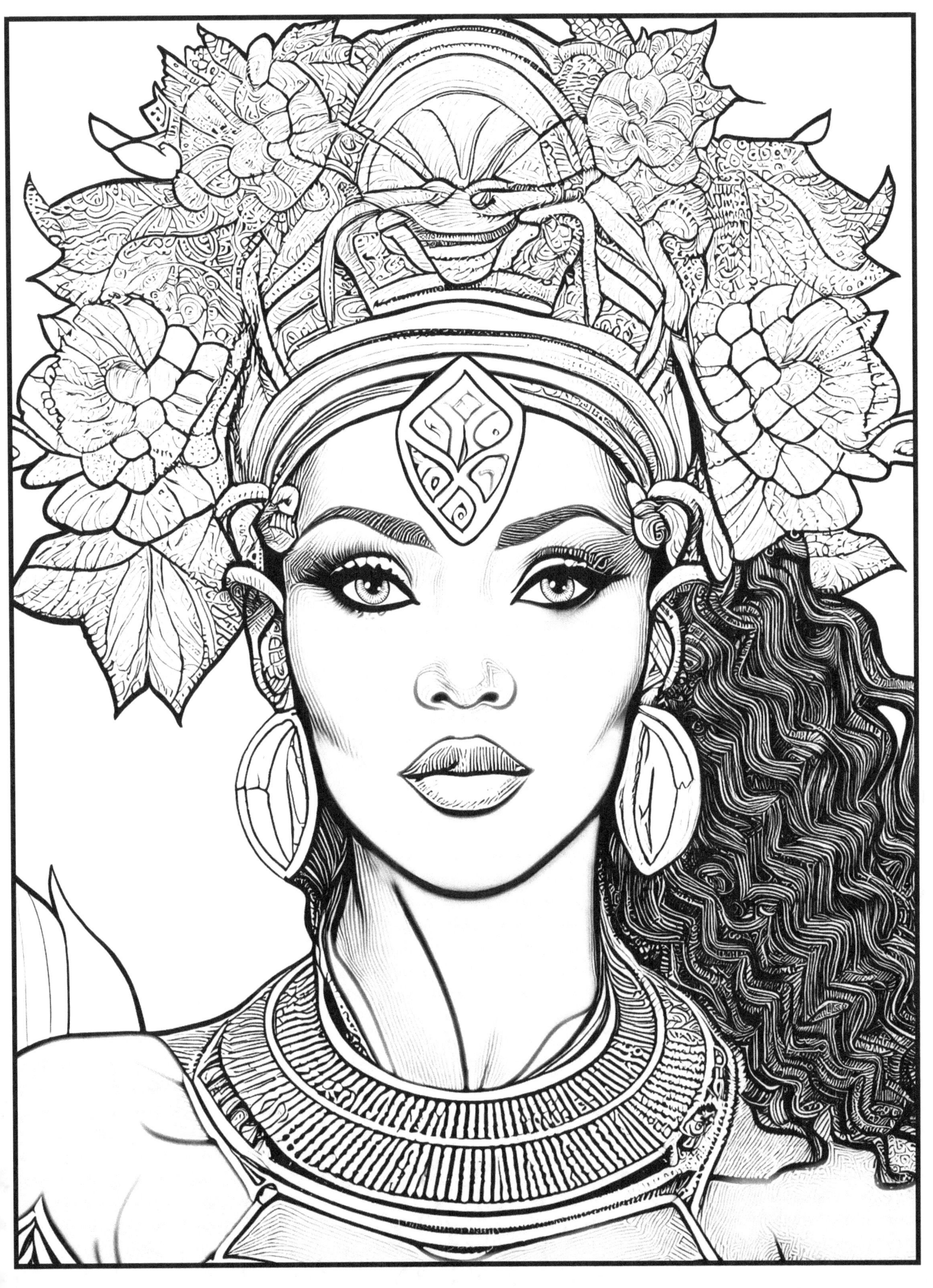

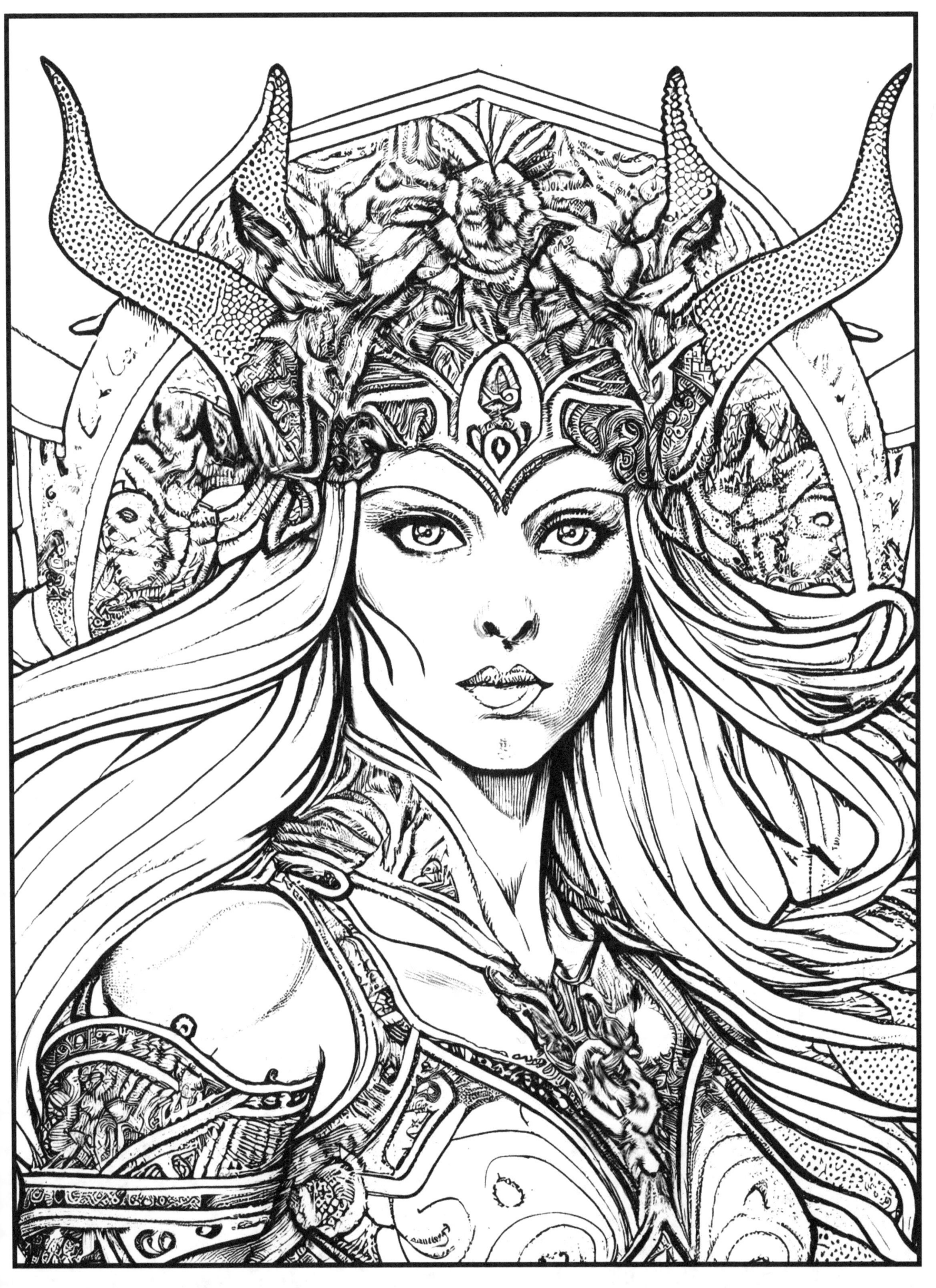

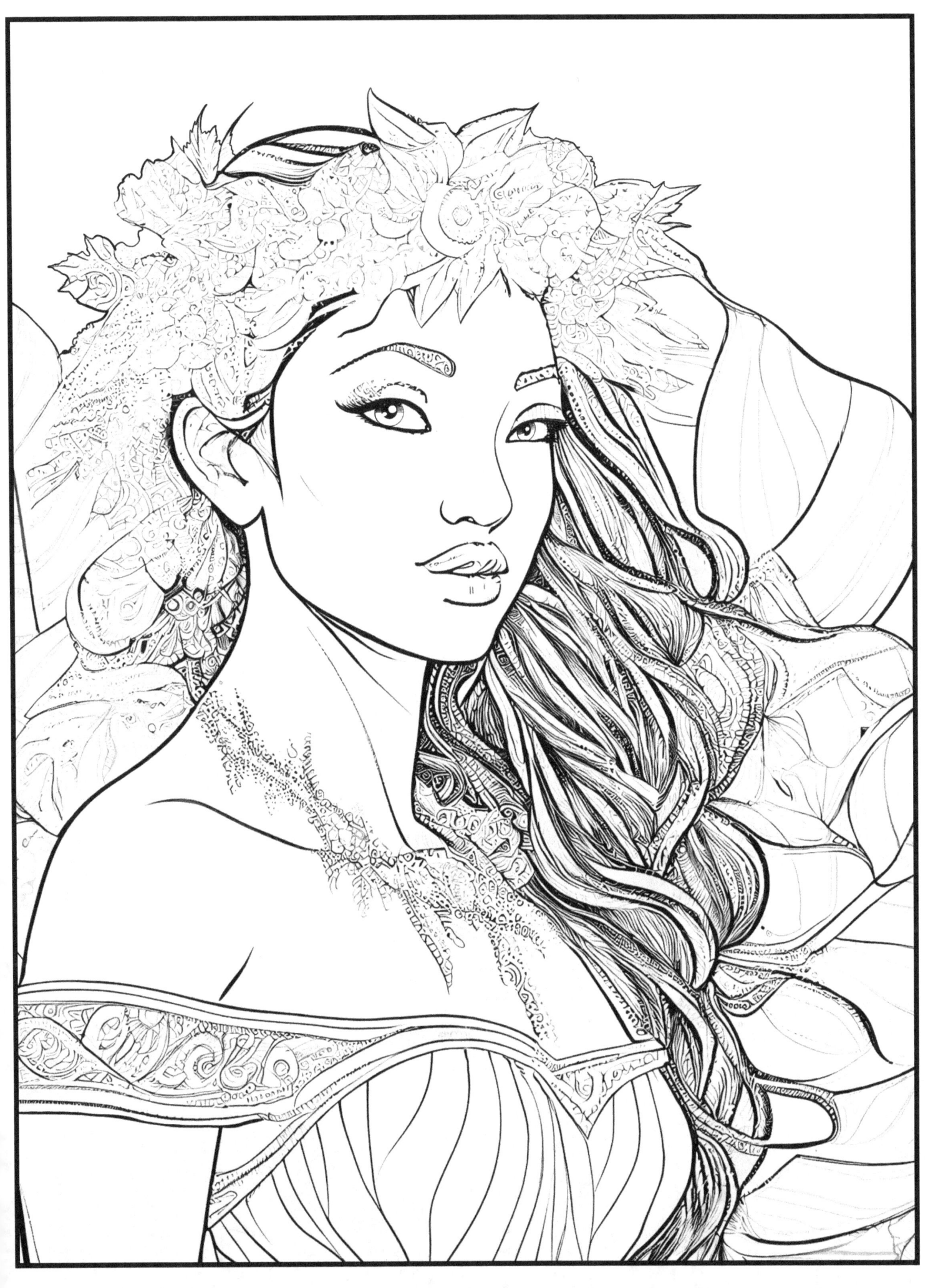

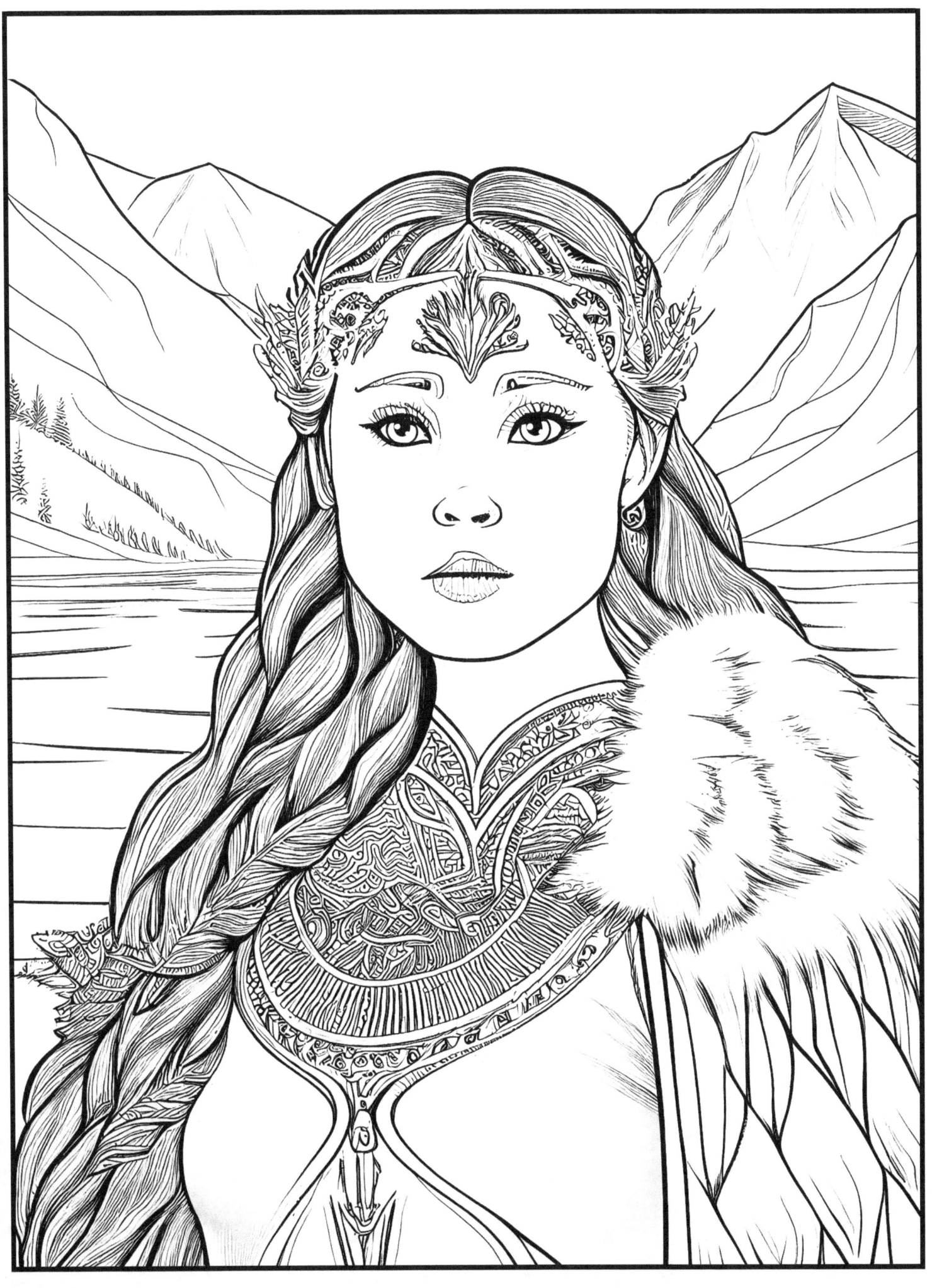

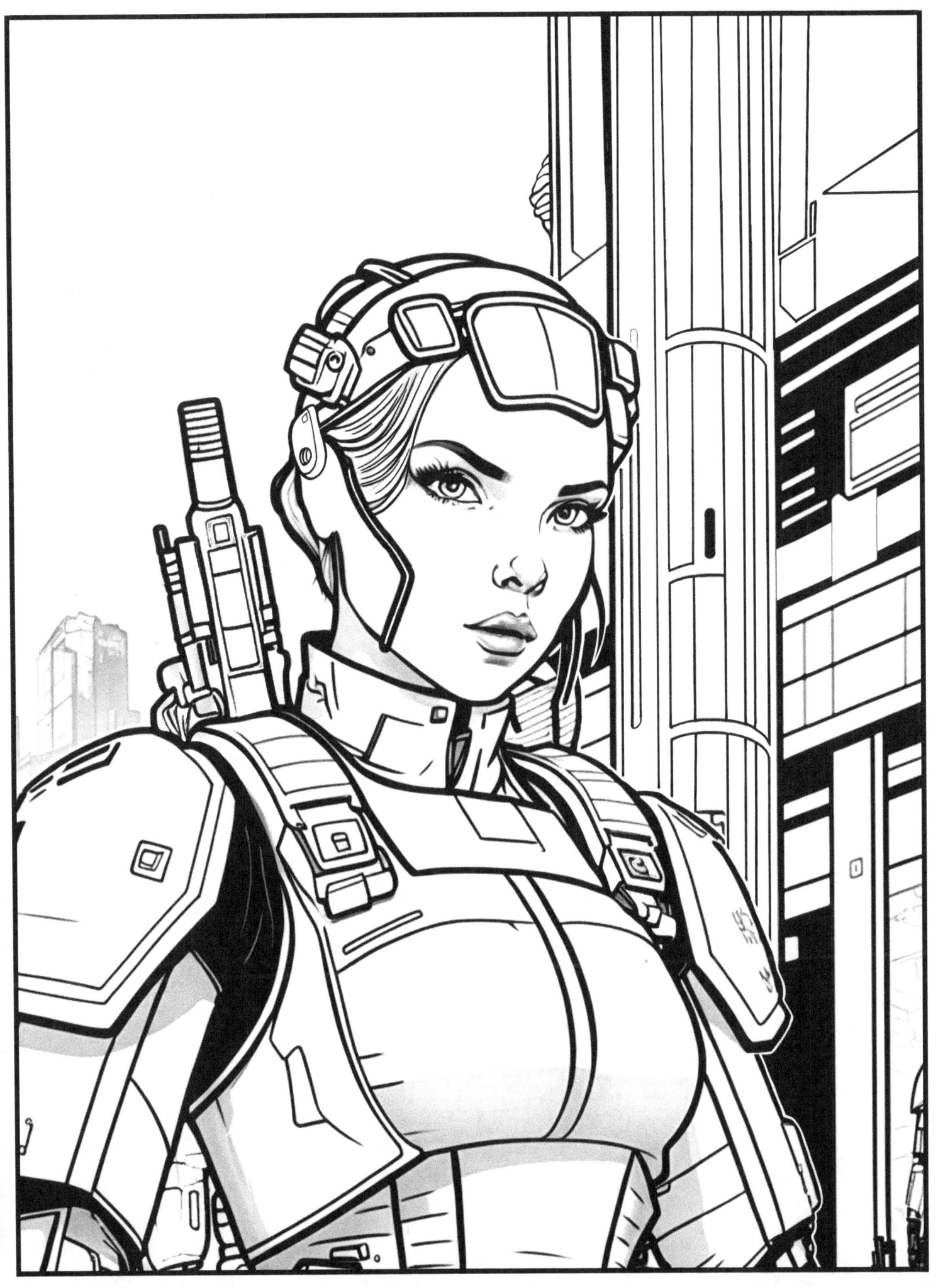

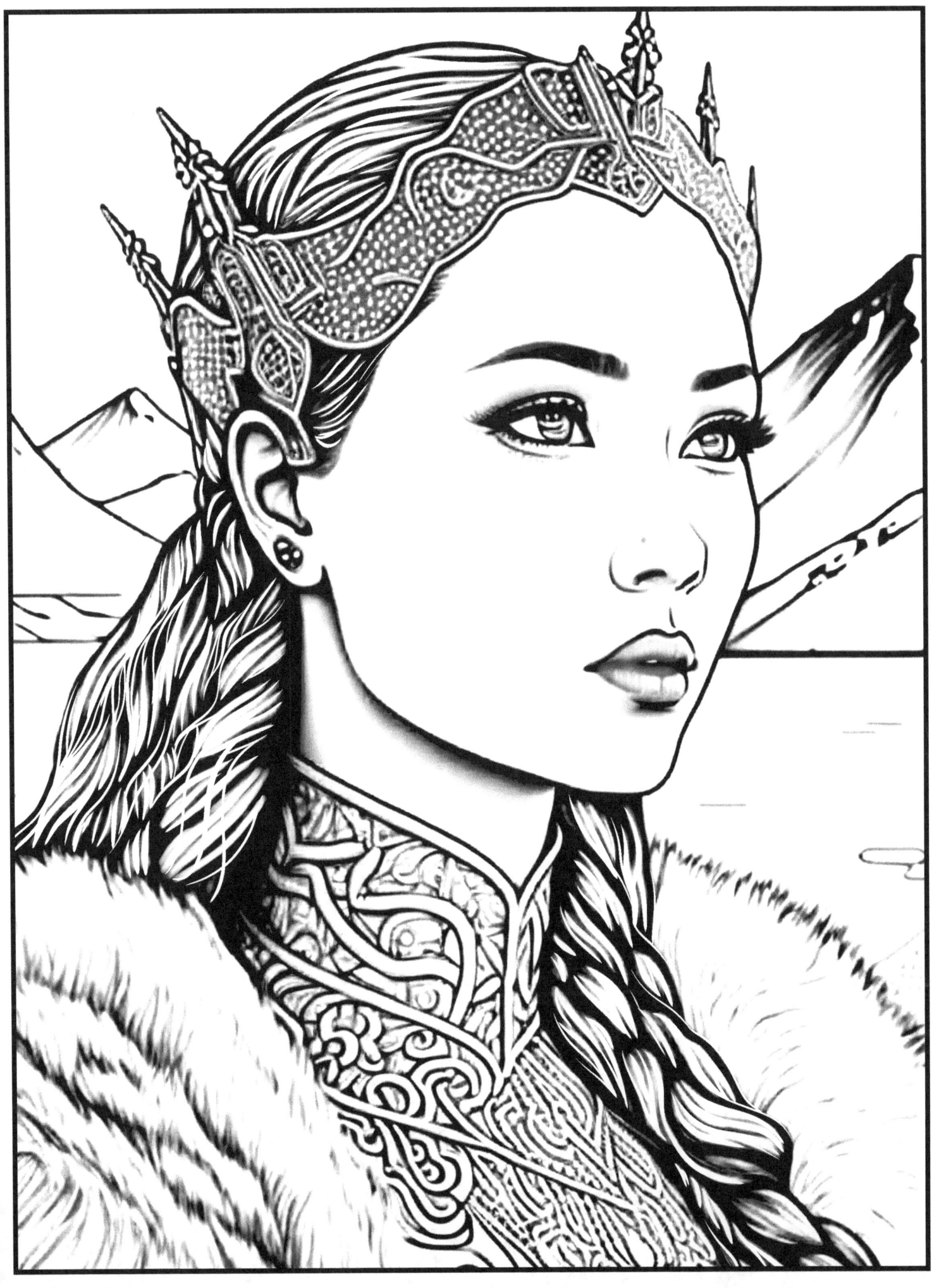

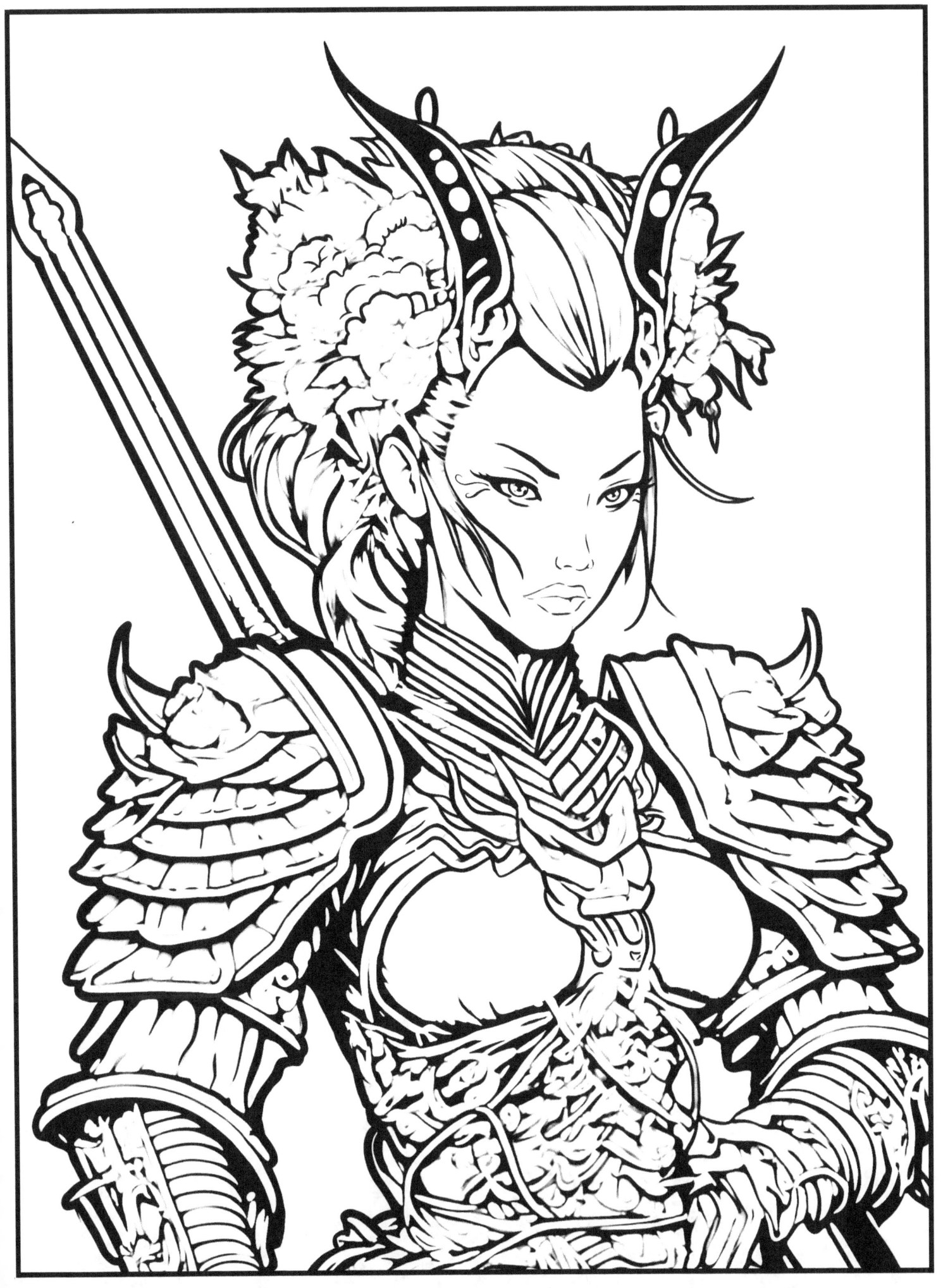

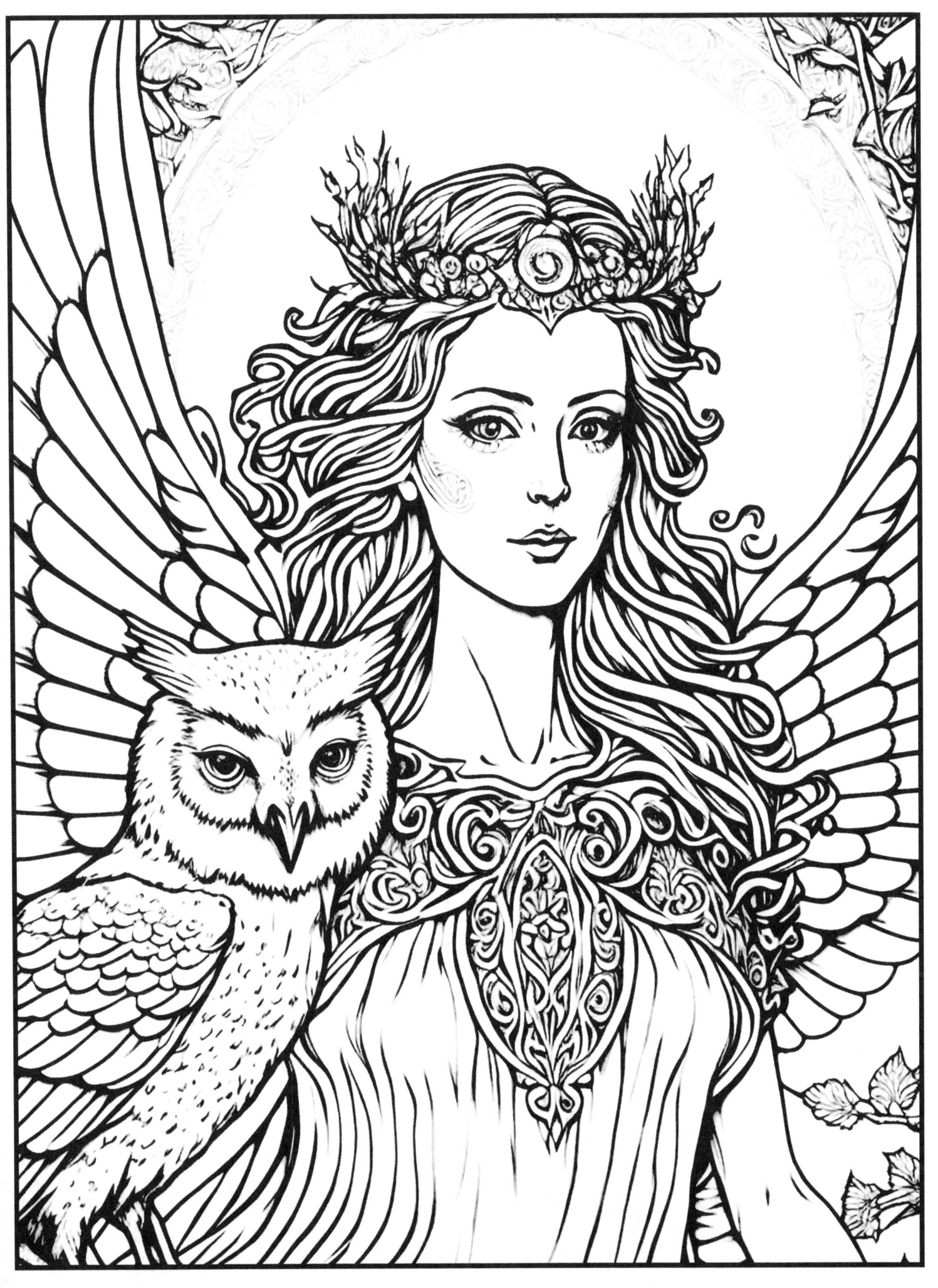

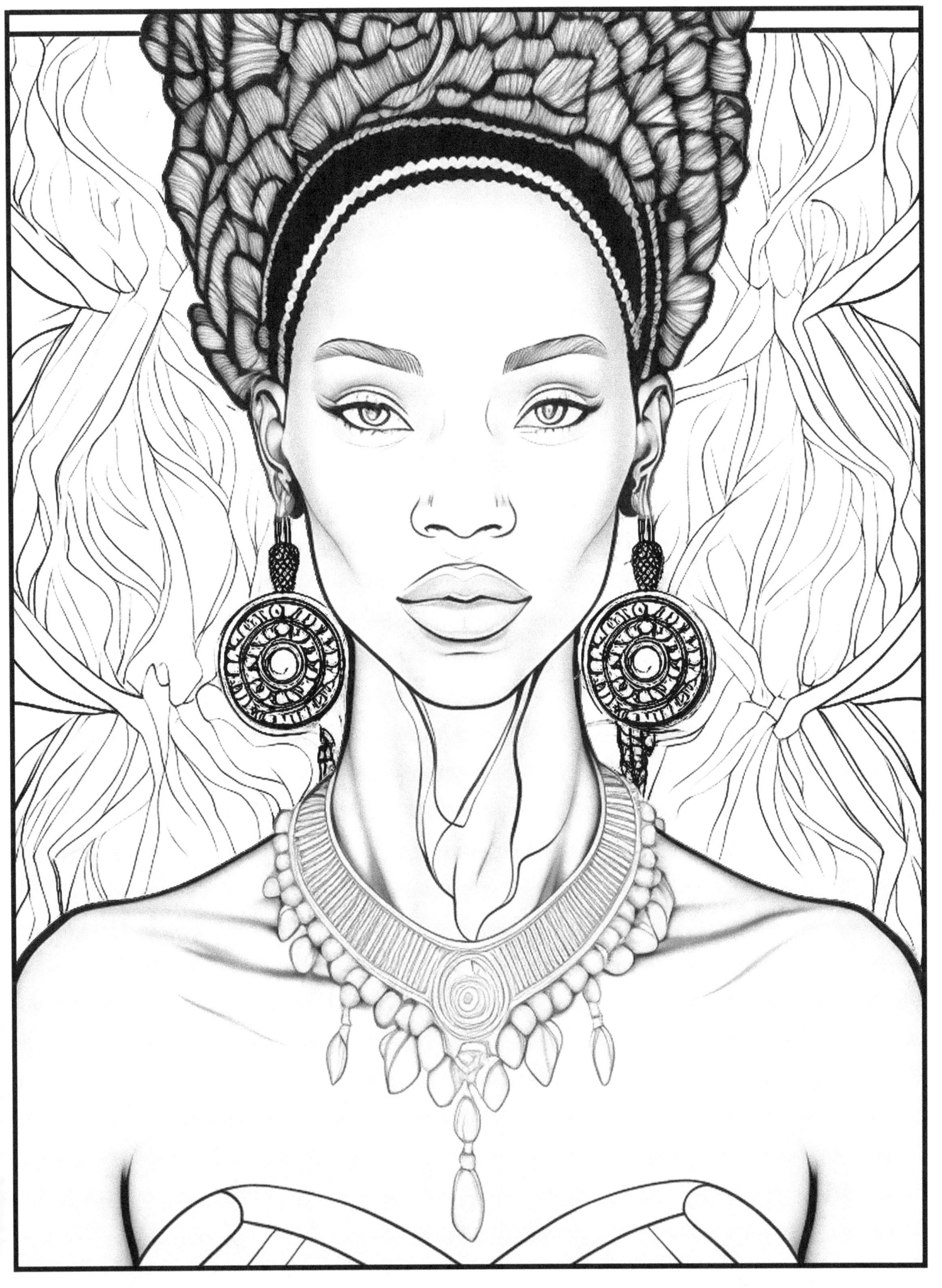

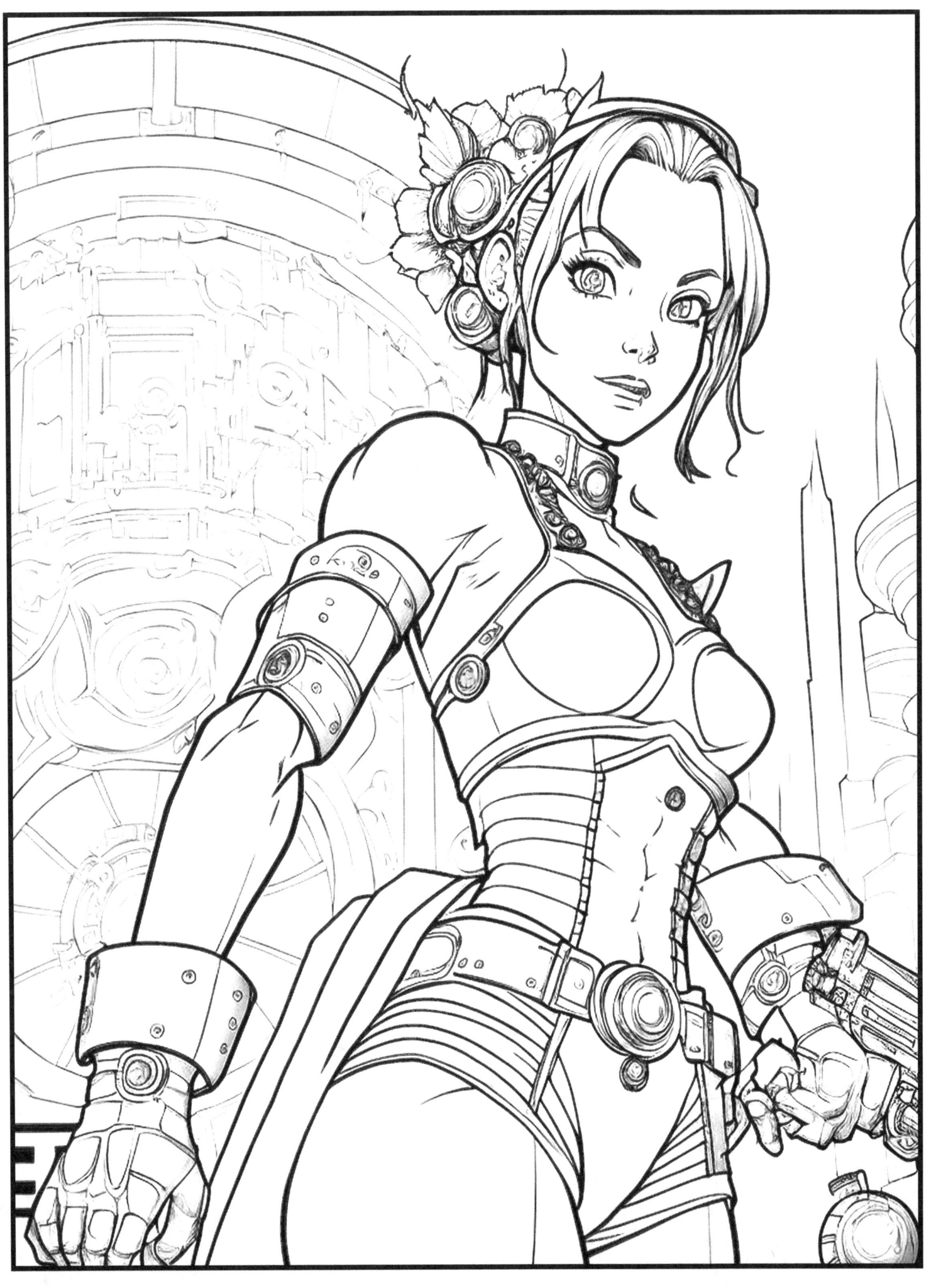

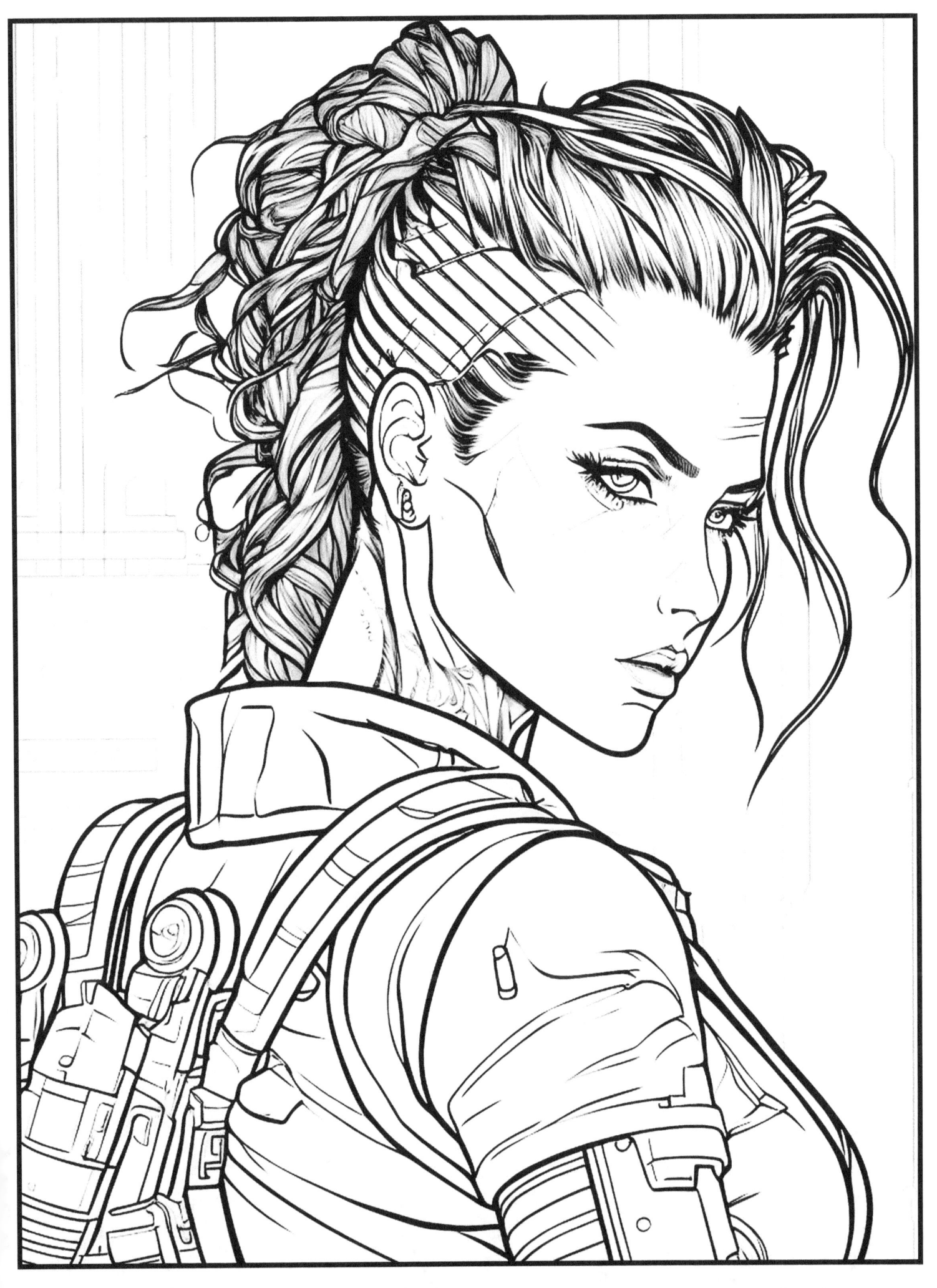

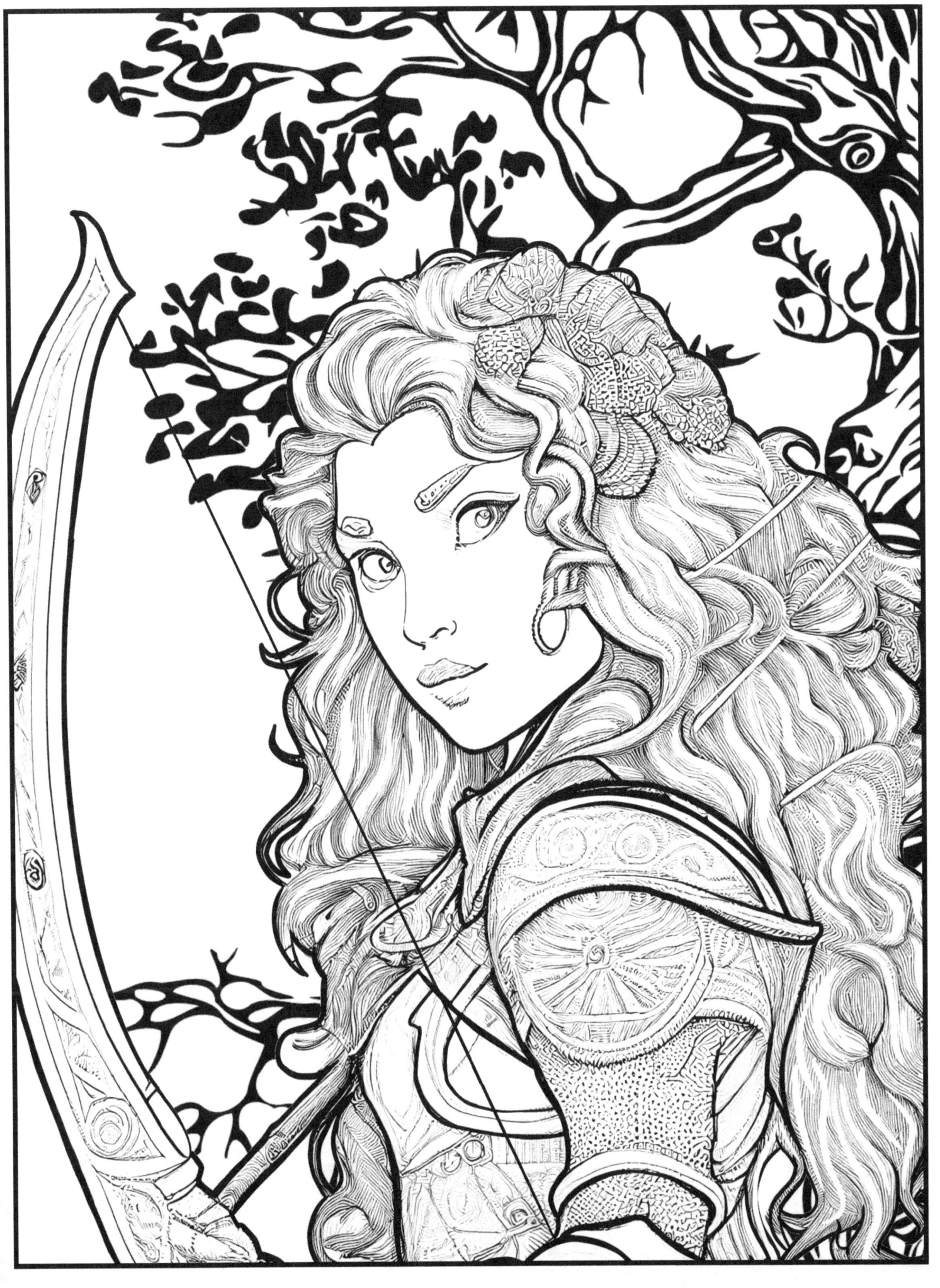

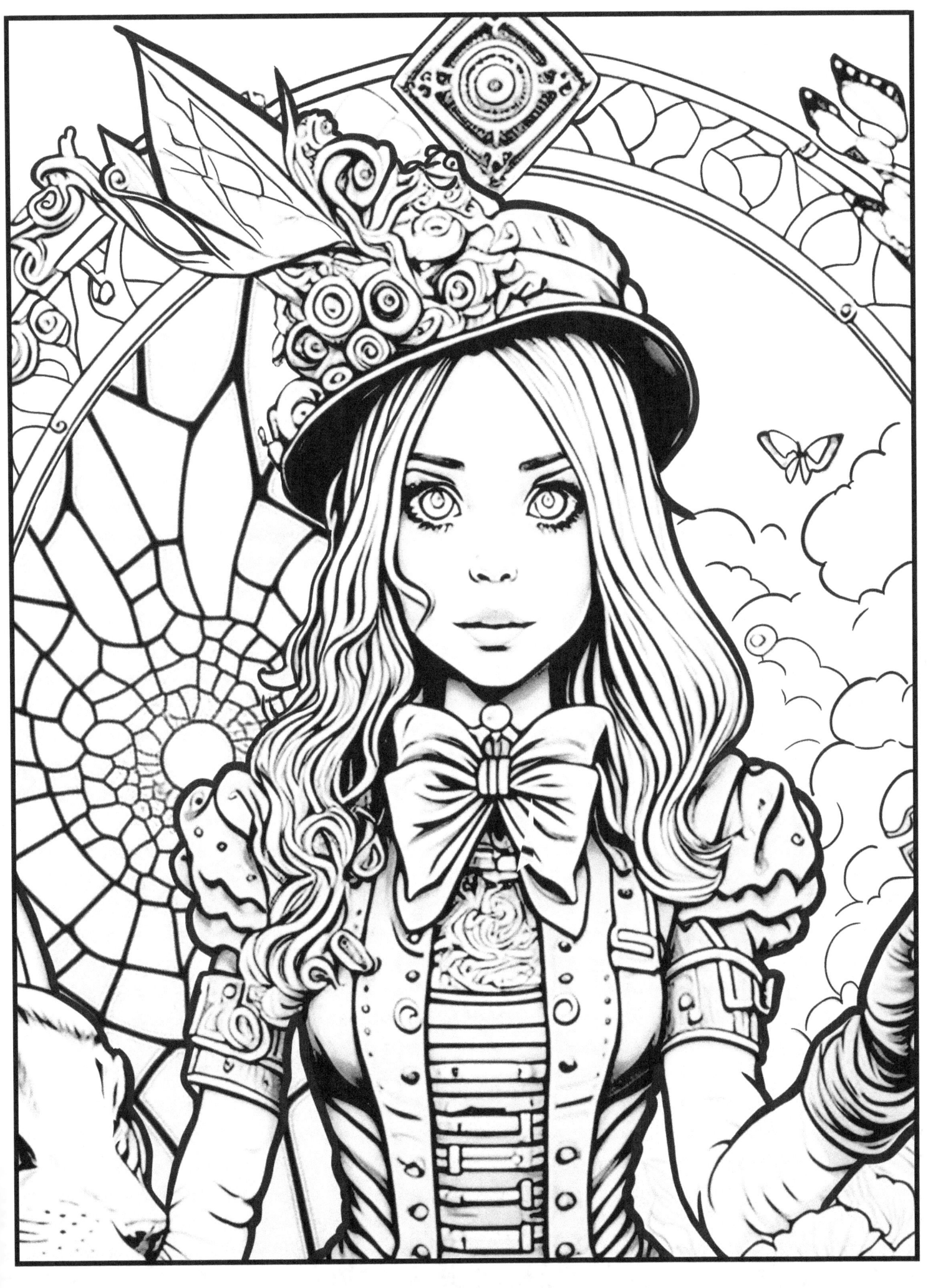

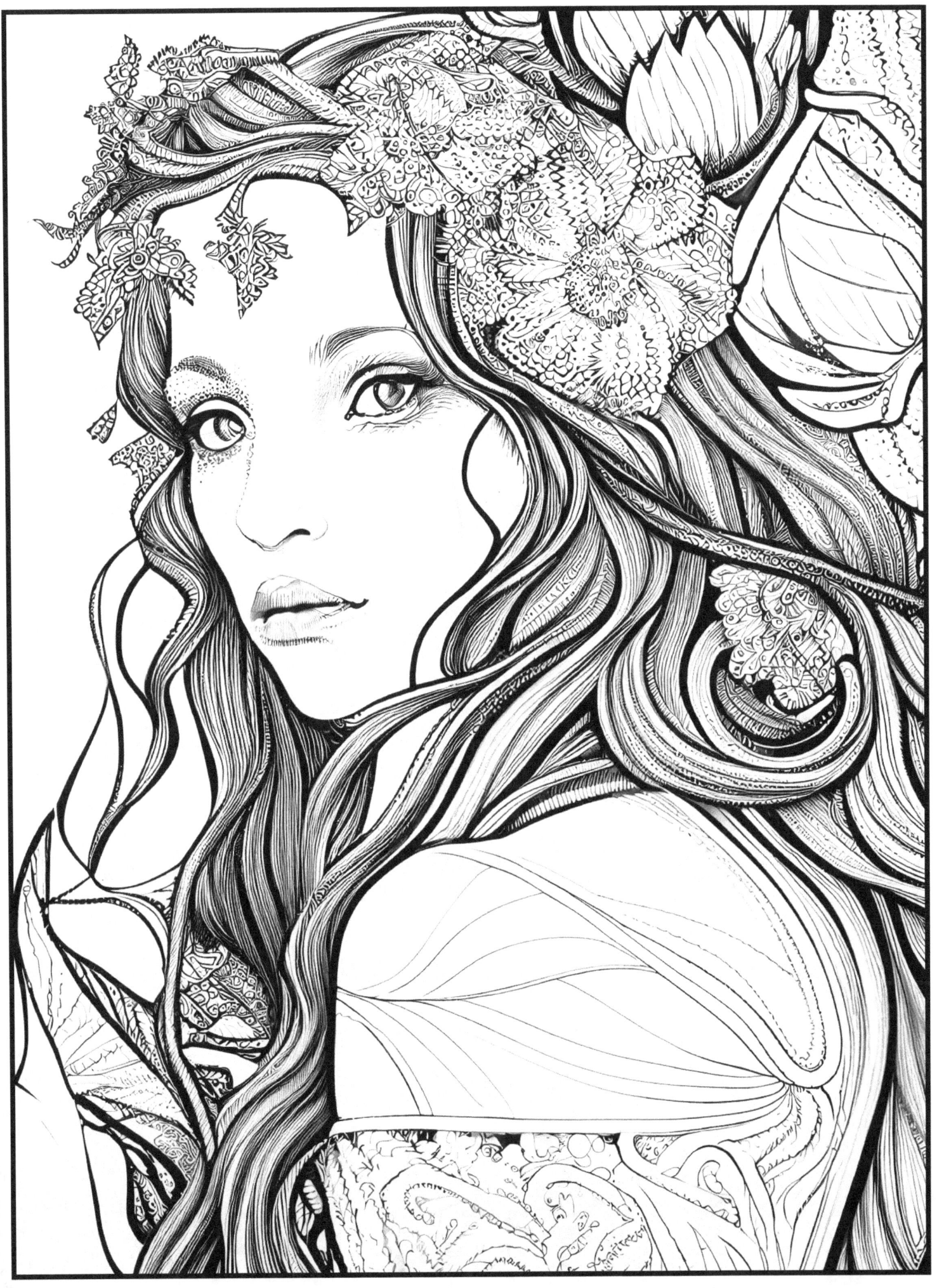

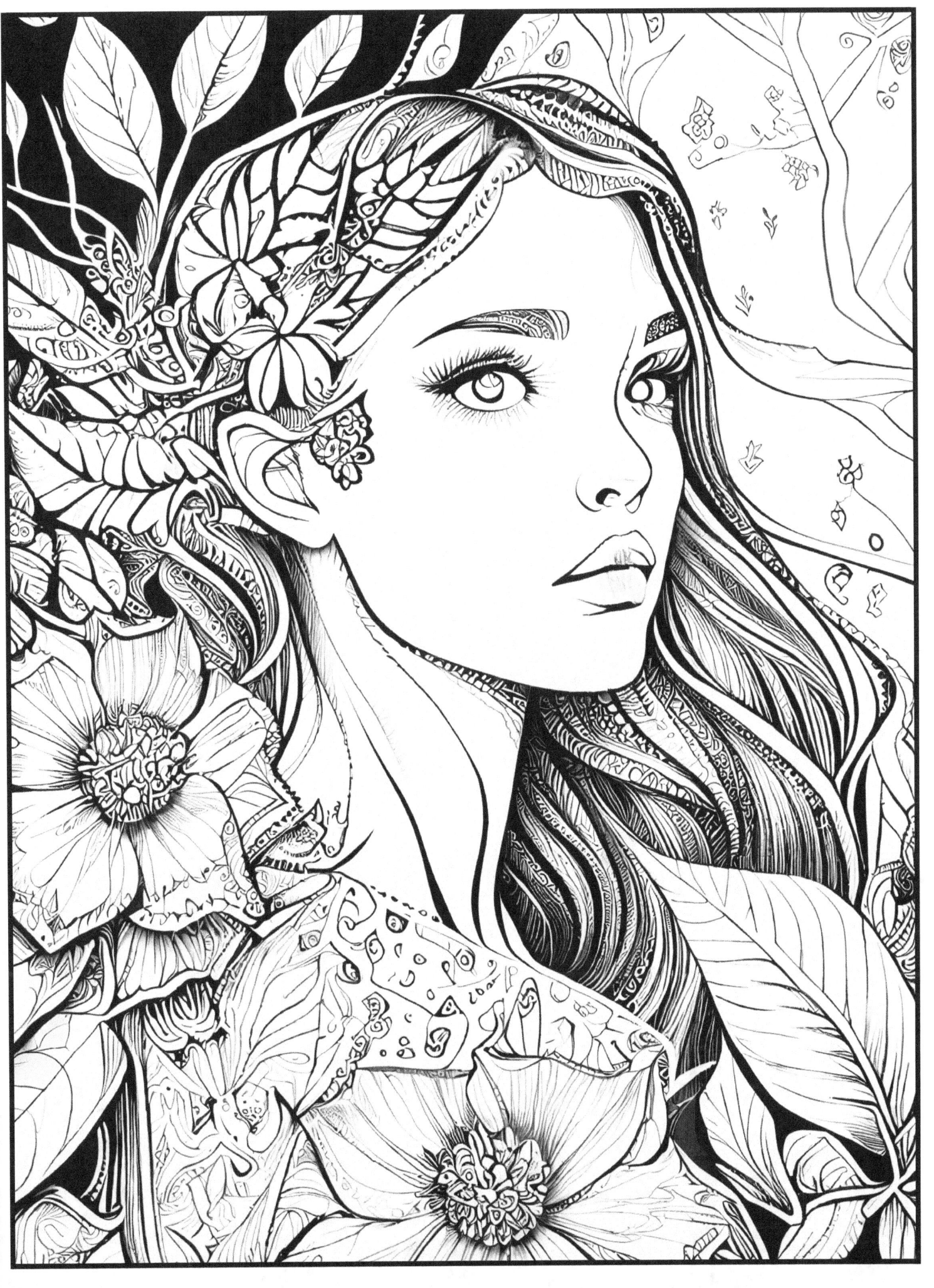

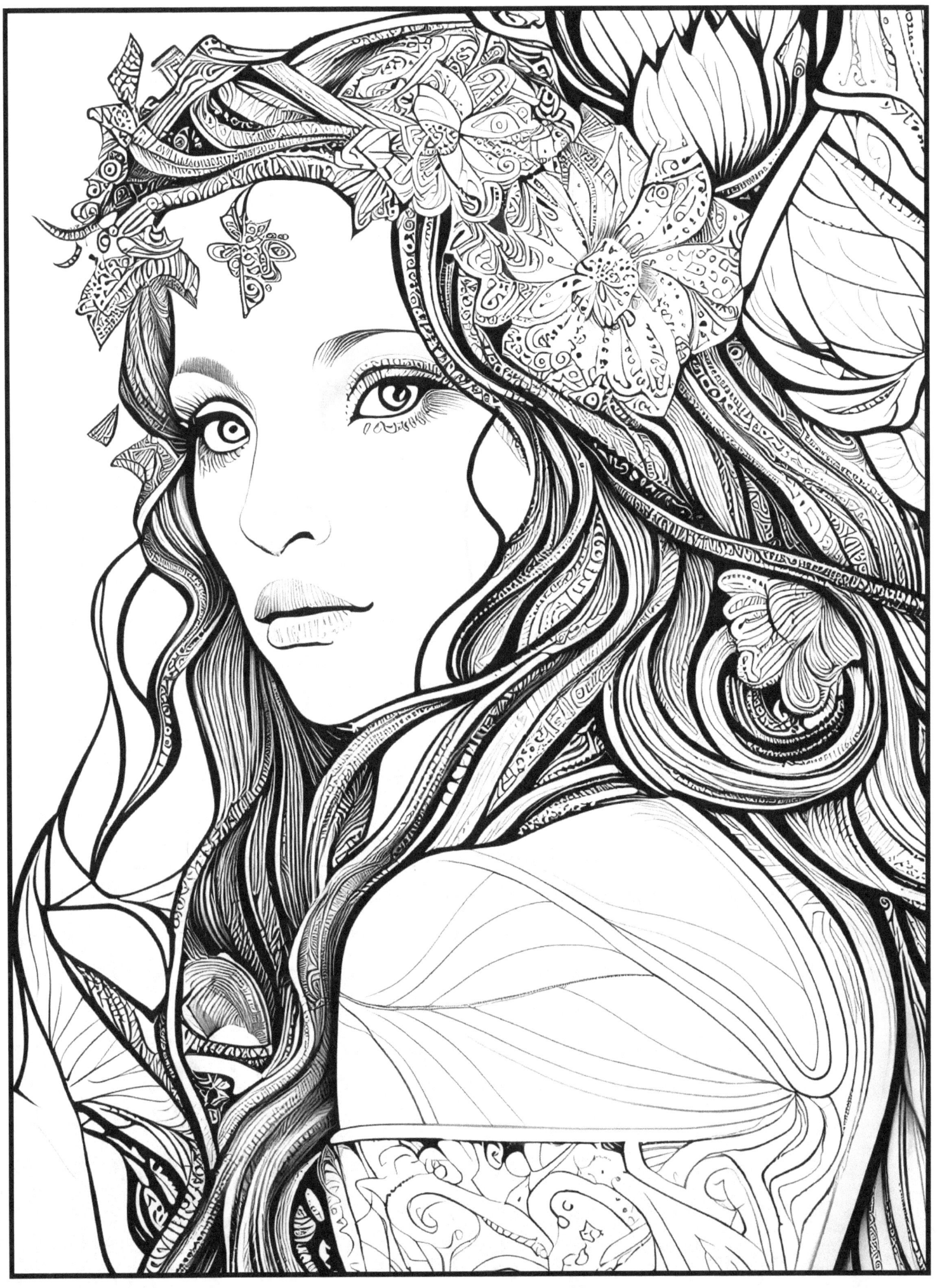

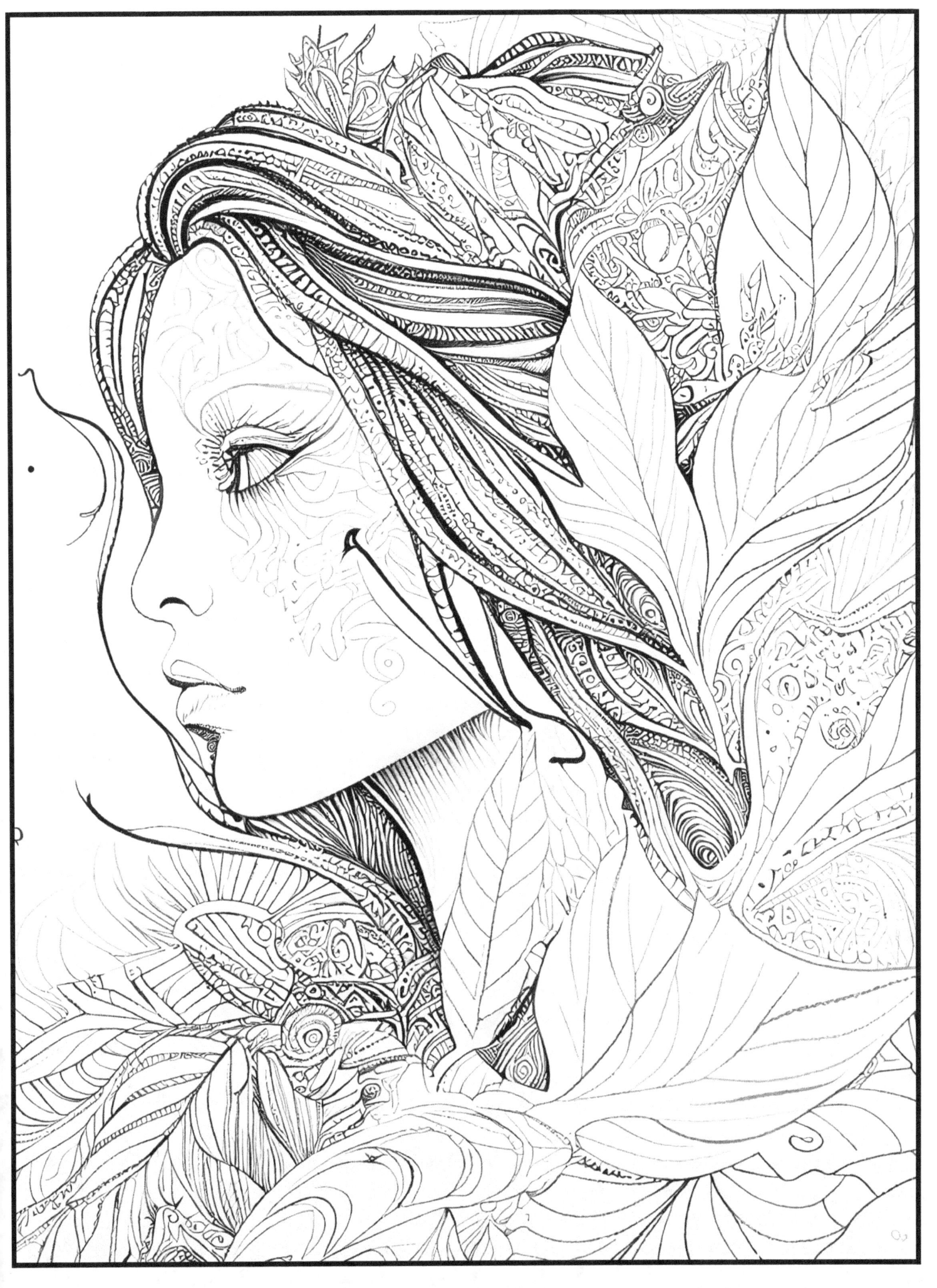

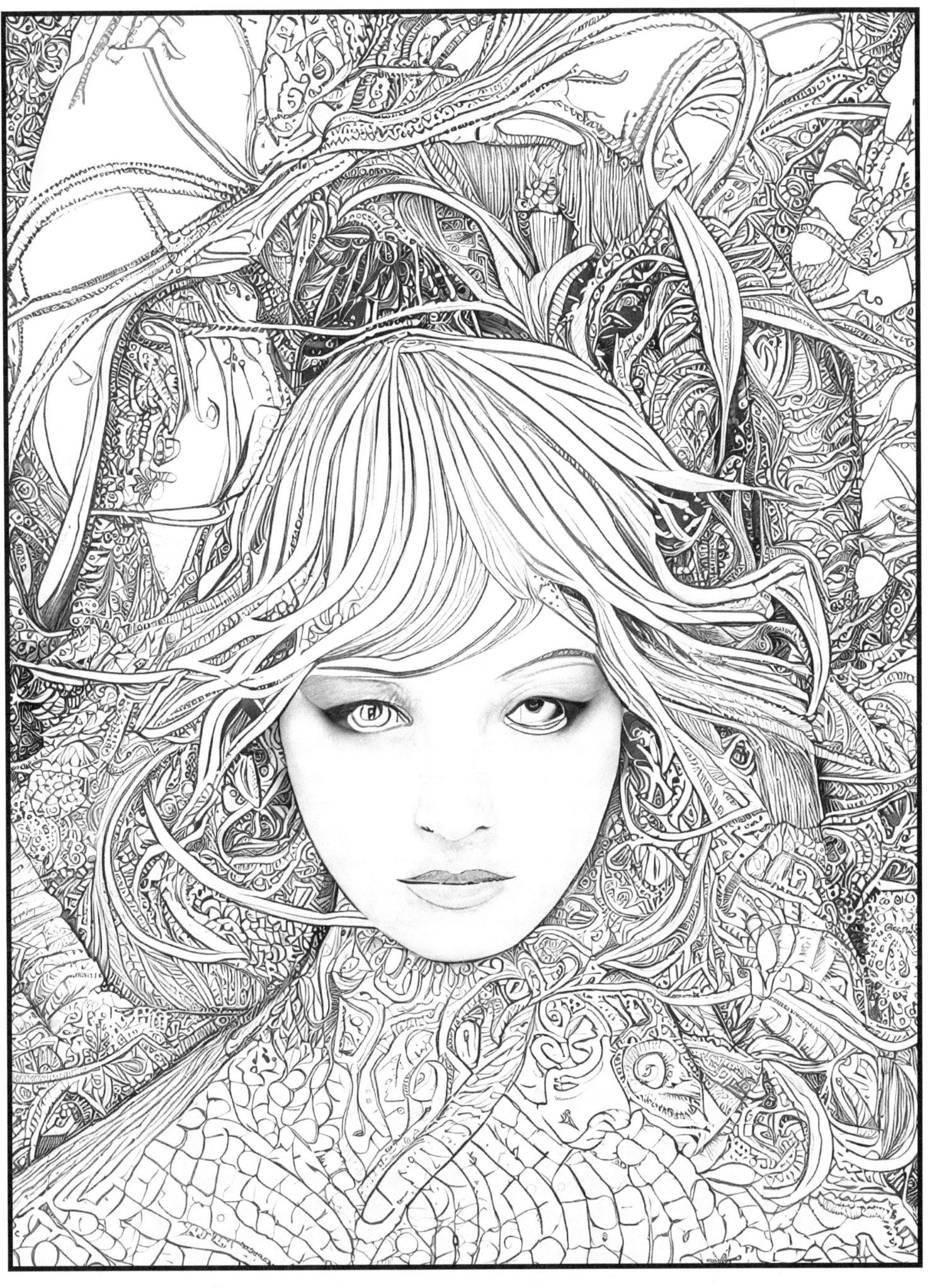

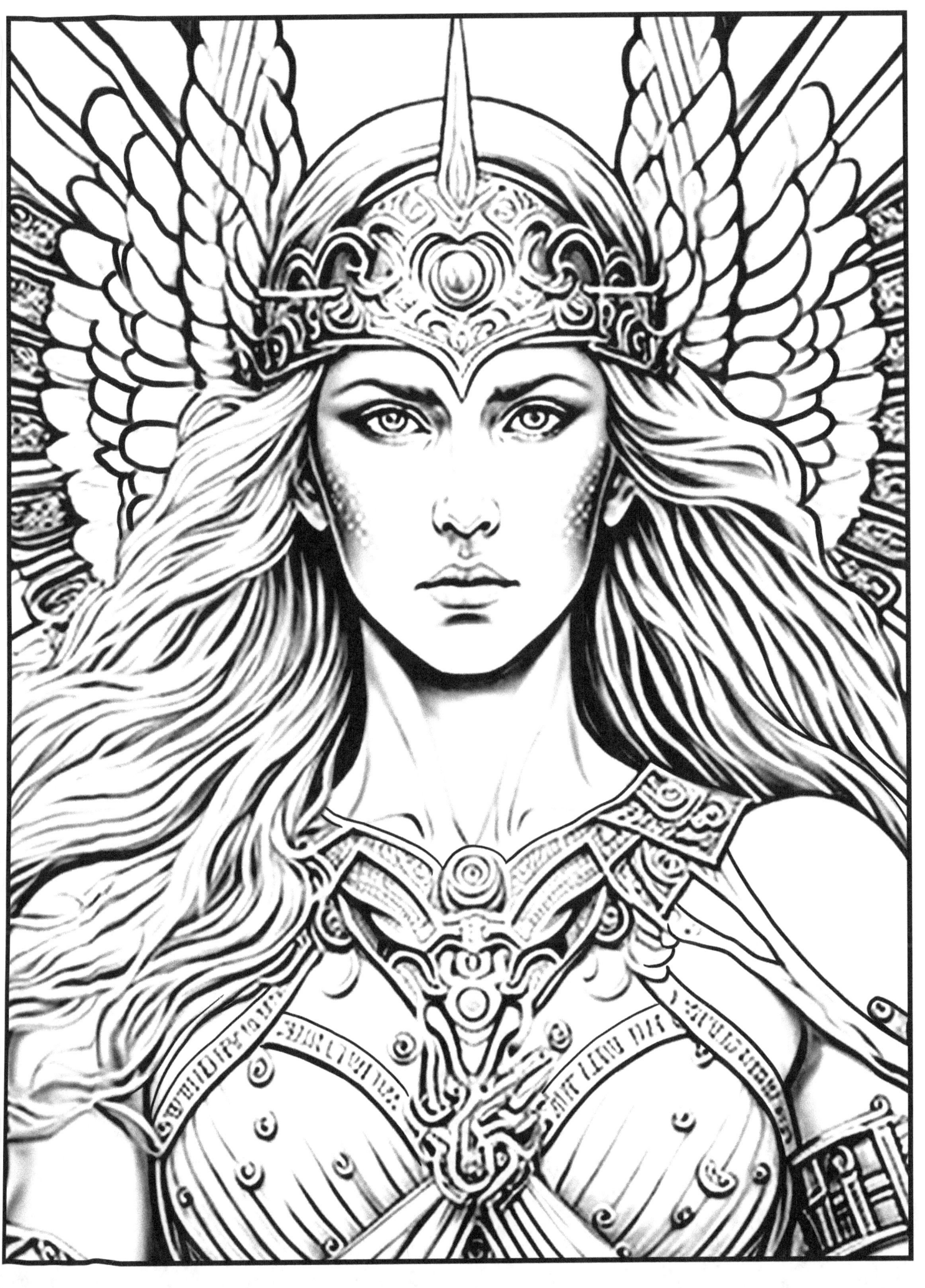